TOEIC® L&Rテスト
書きこみノート
単語&熟語編

白野伊津夫　監修
富岡恵　著
加納徳博　絵

Book title	BASIC ENGLISH VOCABULARY EXERCISES
	TO IMPROVE YOUR TOEIC L&R TEST SCORE
Supervisor	Itsuo Shirono
Author	Megumi Tomioka
Illustrator	Tokuhiro Kanoh
Attention	TOEIC is a registered trademark of
	Educational Testing Service (ETS).
	This publication is not endorsed or
	approved by ETS.

はじめに [PREFACE]

　数ある本の中からお選びいただき、ありがとうございます。本書は2012年に発刊した『TOEIC®テスト書きこみノート単語＆熟語編』に加筆・修正を加えて『TOEIC®L&Rテスト書きこみノート単語＆熟語編』と改題し、新装版としてリニューアルしたものです。

　「単語＆熟語の学習は語学学習で避けられないもの。せっかく取り組むなら楽しく勉強しよう！」というコンセプトで発刊した旧版ですが、長い間多くの読者の皆様に手にとっていただきました。引き続きTOEIC L&Rテストに挑戦するみなさんの学習のサポートができれば、著者として望外の喜びです。

　TOEIC L&Rテストでは実践的な英語が出題され、聞く量、読む量、どちらもとても多いテストです。そうした問題を速く、正確に解くためには、土台となる確かな語彙力が重要になります。本書の「聞き取りトレーニング」や「書き取りトレーニング」でリスニング力をしっかり身につければ、スコアアップの大きな支えになり、470点、600点とスコアが徐々にアップしていくはずです。

✳ スコアアップにつながる単語 & 熟語をセレクト

　「楽しみながら」というと、「内容はほんとうに大丈夫なの？」と不安や疑問を感じる方もいらっしゃるかもしれません。しかし「大丈夫です！」と胸を張って言える内容になっています。安心してください。

　私が実際にTOEIC L&Rテストを受験して出題を確認している単語＆熟語のほかに、公式問題集や市販のTOEIC L&Rテスト対策本を研究して、データベースをつくり、よく出る単語と熟語だけに絞り込みました。そのうち、470点〜600点突破を目指すみなさんに「これだけは覚えてほしい」というものだけを厳選して掲載しています。

✳ イラスト展開で楽しく単語 & 熟語を覚えられる！

　厳選した単語＆熟語を、PART 1とPART 2の2部構成で紹介しています。

　PART 1は「シチュエーション別に覚える重要単語＆熟語」と題して、単語＆熟語を16のレッスンに分けて覚えていきます。ある家族の日常を描いたイラストの中に、単語＆熟語を置くことで、具体的にイメージがわき、楽しく覚えられるように工夫しています。

　PART 2は「ジャンル別に覚える重要単語＆熟語」と題して、「感情」「動作」「金銭」などジャンル別に、10のレッスンに分けて紹介しています。このパートでもイメージしやすく記憶に残りやすいように、イラストを随所にちりばめています。

　上記の2パートに収まりきらなかった基本単語や上級単語も、表にまとめて紹介しています。こちらもあわせて確認してみてください。

✱ 音声つきだから耳から覚えられる!

　イラストページ、表組みページで紹介する単語&熟語については、二次元コードから付属の音声を聞くことができます。「英語→日本語→英語」の順で読み上げ音声を収録しています。読むだけでなく、音声もフルに活用して、単語&熟語力だけでなく、リスニング力もアップさせてください。

✱ 2つのドリルトレーニングで書いて覚えられる!

　各レッスンには「ドリルでトレーニング」と「書き取りトレーニング」という2種類のトレーニングを用意しています。イラストページで覚えた単語や熟語が、実際の文の中でどのように使われるのかを意識しながら練習してみてください。

✱ 本番スタイルの練習問題で本番も安心!

　各レッスンの最後には、TOEIC L&Rテスト形式の練習問題を用意しました。リスニング、リーディングの問題をバランスよく配置しています。TOEIC L&Rテストの問題形式に慣れることができるだけでなく、各レッスンに登場した単語や熟語を問題の中に盛り込み、知識の定着を確認できるようにしました。

　勉強をしていて、感じたことや気づいたことを本書にどんどん書きこんでください。イラストを付け足すのもよし、色を塗るのもよし。自分が楽しめる方法を見つけて長く続けるのが、スコアアップへの、そして英語上達への近道です。

　最後に、この場をお借りして本書の制作にあたってご協力いただいたみなさんに感謝を申し上げます。「できるだけわかりやすく、できるだけおもしろく」をテーマに、ワクワクするような、ステキなデザインをしてくださったナカムラグラフのみなさん、ありがとうございました。そしてイラストレーターの加納徳博さんは、私のぎこちない下絵をユーモアあふれるすばらしいイラストにしてくださいました。出来上がってくるたびにゲラゲラ笑っていました。ありがとうございます。

　また、講義やレッスンをこれまで熱心に聞いてくださった生徒のみなさん。この本で伝えたいことのヒントをくれたのはみなさんです。ありがとうございます。これからも楽しみながら英語を勉強しましょう!

　いつも愉快な友人たち、そして私の活動を見守り応援してくれる心強い家族にも心から感謝します。

　本書を使っていただき、楽しみながら英語が上達していく方がふえたら、著者として、それ以上にうれしいことはありません。みなさん一人ひとりの自分だけの書きこみノートになりますように!　そして、本書に取り組んだ後、さらに英語がおもしろく感じられますように!

2023年9月
富岡恵

もくじ [CONTENTS]

PART 1　シチュエーション別に覚える 重要単語 & 熟語

PART 2 ジャンル別に覚える 重要単語 & 熟語

TOEICってこんなもの [About TOEIC]

✳ TOEICって何？

　TOEIC（トーイック）とはTest of English for International Communicationの略で、英語でのコミュニケーション能力を測るテストです。受験者は、英検などのように合否で成績を判定されるのではなく、10点から990点までのスコアで評価されます。試験は問題指示文などを含めてすべて英語で行われます。

　世界中の学校や企業などで、様々な目的で使用され、約160か国で実施されている試験です（2023年）。

　聞く・読む能力を測定するTOEIC L&R（Listening & Reading）テストと、話す・書く能力を測定するTOEIC S&W（Speaking & Writing）テストがあります。

✳ どんな問題が出るの？

　テストは合計2時間（休憩なし）で前半がリスニング（約45分）、後半がリーディング（75分）です。すべて選択式の問題で、マークシートで解答します。

　リスニングには4種類、リーディングには3種類の問題があります。どういう問題が何問出てくるかを、あらかじめ知っておくと、本番で落ち着いて解くことができます。

	Part	内容	設問数
リスニング セクション （100問／約45分）	1	写真描写問題	6
	2	応答問題	25
	3	会話問題	39
	4	説明文問題	30
リーディング セクション （100問／75分）	5	短文穴埋め問題	30
	6	長文穴埋め問題	16
	7	読解問題 ▶ 1つの文書 ▶ 複数の文書	 29 25

　この本ではTOEIC L&Rテストを攻略する上で重要な単語＆熟語を紹介しています。また形式に慣れていただくために、本番スタイルの練習問題も多数収録しています。

✳ 問題の形式と解答のコツは？

listening

Part 1　　写真描写問題

4つの説明文を聞き、その中から問題用紙にある写真をもっとも的確に描写しているものを選ぶ問題です。説明文は一度だけ放送され、問題用紙には印刷されていないので注意。

> コツ　写真に写っている人の数・動き、ものの位置などに注目。説明文冒頭の主語と動詞をしっかり聞く。

Part 2　　応答問題

1つの質問文や文と、それに対する3つの応答文が放送されます。応答文の中から、もっとも適切なものを選びます。質問文と応答文は、それぞれ一度だけ放送され、問題用紙には印刷されていません。

> コツ　質問文の冒頭の疑問詞・主語・時制を聞き取るのがポイント。

Part 3　　会話問題

複数の人物の会話を聞き、その内容に関する3つの設問に答える問題です。設問の質問文と選択肢は問題用紙に印刷されています。会話文は一度だけ放送されます。

> コツ　放送が始まる前に設問文だけ先に読んでおくのがポイント。1問目に会話の登場人物や会話の主旨を問う問題がよく出る。

Part 4　　説明文問題

留守番電話などの説明文を聞き、その内容に関する3つの質問に答える問題です。設問の質問文と選択肢は問題用紙に印刷されています。説明文は一度だけ放送されます。

> コツ　放送が始まる前に質問文だけ読んでおくのがポイント。1問目には主題を問う問題が多い。

reading

Part 5　　短文穴埋め問題

短い文の中に1か所だけ空欄があります。その空欄にふさわしいものを選択肢の中から1つ選んで答える問題です。

> コツ　1問あたり20秒で解くのが理想。語彙か文法を問う問題で、空欄の前後にヒントがあることが多い。

Part 6　　長文穴埋め問題

手紙、社内文書、Eメールなどの長文の中に4か所の空欄があります。それぞれの空欄に入れるのにふさわしいものを選択肢の中から1つ選んで答える問題です。

> コツ　1問あたり20秒で解くのが理想。空欄のある文と、その前後の文に注目しヒントを探す。

Part 7　　読解問題

広告・手紙・Eメール・記事などの長文を読んで、その内容に関する設問に答える問題です。1つの長文を読んで答える問題と、2つまたは3つの長文を読んで答える問題があります。

> コツ　1問1分、1題あたり2〜5分で解く。まずは質問文を先読みして、読み取るべき情報をつかみ、本文で答えを見つけるという流れで解こう。

本書の使い方 [How to use this book]

　本書ではTOEIC L&Rテストで600点を突破するために、本当に必要な単語&熟語を「PART 1 シチュエーション別に覚える重要単語&熟語」、「PART 2 ジャンル別に覚える重要単語&熟語」という2パート、全26レッスンに分けて紹介していきます。

　1レッスンは「単語&熟語紹介ページ」→「ドリルでトレーニング！&書き取りトレーニング！」→「TOEICレベルにチャレンジ！」の3ステップで展開します。

STEP 1　イラストと音声で単語 & 熟語を覚える！

イラスト

単語&熟語をイラストとともに、わかりやすく掲載しています。それぞれの表現が使われるシーンや表現のイメージをしっかりおさえましょう。

音声

付属音声は音楽に乗せて「英語→日本語→英語」の順に収録されています。何度も聞いて、発音や意味を耳から覚えましょう。

※表組みで紹介している単語&熟語についても、イラストページと同じように音楽に乗せて「英語→日本語→英語」の順に音声が収録されています。

STEP 2　2つのトレーニングで知識を定着させる！

ドリルでトレーニング！

音声を聞いて、空欄に入る表現を書き取るトレーニングです。STEP 1 で覚えた単語や熟語が、文では実際にどのように使われるかを意識して取り組んでください。

書き取りトレーニング！

音声を聞いて、放送される英文をまるごと書き取るトレーニングです。

音声

「ゆっくり」「はやい」の2種類のスピードの音声をご用意しています。自分の進度に合わせて使い分けてください。自分で再生を一時停止して取り組んでもOKです。

STEP 3 ▶ 本番スタイルの練習問題で総仕上げ！

設問文

冒頭で問題形式の説明をしています。TOEIC L&Rテストの各Partでどのような問題が出るかを確認してください。

問題

問題はすべて本番と同じスタイルです。各レッスンで学習した表現も盛り込まれているので、総仕上げのつもりで取り組んでみてください。

※実際のTOEIC L&Rテストの試験のリスニングでは、イギリス、アメリカ、カナダ、オーストラリア（ニュージーランドも含む）の4か国のナレーターによる放送文が出題されますが、本書ではアメリカ人ナレーターのみで収録しています。また、Part 7では1つの長文を読んで解答する問題と2あるいは3つの長文を読んで解答する問題が出題されますが、本書では1つの長文を読んで解答する問題だけを収録しています。

🎧 音声を聞く方法は 4 通り

❶ 二次元コードで聞く

各ページの二次元コードを読みとることで、インターネットに接続されたスマートフォンやタブレットで再生できます。

❷ スマートフォンのアプリで聞く

音声再生アプリ「my-oto-mo」に対応しています。スマートフォンかタブレットで下のURLまたは二次元コードにアクセスし、アプリをダウンロードしてください。

https://gakken-ep.jp/extra/myotomo/

※ アプリは無料ですが、通信料はお客様のご負担になります。

❸ パソコンにダウンロードして聞く

下記のURLにパソコンからアクセスいただき、ページ下方の【語学】から『TOEIC L&Rテスト書きこみノート単語＆熟語編』を選択し、音声ファイルをダウンロードしてください。

https://gakken-ep.jp/extra/myotomo/

❹ AI 英語教材「abceed」で聞く

本書はAI英語教材「abceed」にも対応しています。スマートフォンやタブレット、PCで「音声再生」を無料でご利用いただけます。
○スマートフォン、タブレットの場合はアプリをダウンロードいただきます。
　右の二次元コードからご利用を開始いただけます。
○abceed の「教材」から書籍名で検索をしてご利用ください。

※その他の注意事項はダウンロードサイトをご参照ください。
※お客様のネット環境およびスマートフォンやタブレット端末の環境により、音声の再生やアプリの利用ができない場合、当社は責任を負いかねます。また、スマートフォンやタブレットやプレイヤーの使用方法、音声ファイルのインストールおよび解凍、転送方法などの技術的なお問い合わせにはご対応できません。
※また、abceed は株式会社 Globee の商品です。abceed に関するお問い合わせは株式会社 Globee までお願いします。
本サービスは予告なく終了することがあります。

PART 1

シチュエーション別に覚える
重要単語&熟語

このパートでは、ある家族の日常を描いた、
ストーリーのあるイラストとともに、
TOEIC L&Rテストによく出る単語&熟語をシチュエーション別に紹介します。
起きてから家を出るまでの日常生活の表現から、
オフィス、会議、商談などビジネスシーンでよく使われる表現まで
さまざまな表現を掲載しています。

CAST

Mom（母）

家事を愛する主婦。明るい性格だが、ものぐさな一面もある。買い物と読書が趣味。

Dad（父）

広告代理店に勤務。働き者だが、かぜをひきやすい。休日に散歩や読書をするのが趣味。

Son（息子）

大学で化学を専攻。まじめだが、少しおっちょこちょいなところがある。ゲームと読書が趣味。

CONTENTS

01 家／寝室

🎧 001

date.1 ／ date.2 ／

1 clock
時計

2 hang on the wall
壁にかかっている

3 window
窓

4 be closed
閉まっている

5 bed
ベッド

6 take off
〜を脱ぐ

7 cat
ネコ

8 pillow
枕

9 sweater
セーター

10 sheets
シーツ

11 be stacked
積まれている

12 a piece of paper
紙一枚

13 desk
机

14 go out of
〜を出て行く

解答＆解説 ▶ 別冊 P.001

ドリルでトレーニング！

time limit
10 min.

score
／9

🎧 002 ゆっくり
🎧 003 はやい

音声を聞き、次の英文の空欄に入る語句を書きこんでみましょう。

(1)　The window is （　　　　　　　）.

(2)　The clock is （　　　　　　　） on the wall.

(3)　There is a （　　　　　　　） on the bed.

(4)　The （　　　　　　　） is made.

(5)　The sheets are （　　　　　　　） on the floor.

(6)　A man is （　　　　　　　） off his （　　　　　　　）.

(7)　A （　　　　　　　） is lying on the （　　　　　　　）.

(8)　A （　　　　　　　） of paper is on the desk.

(9)　She is going （　　　　　　　） of the room.

| 書き取りトレーニング！ | ⏱ time limit
10 min. | 🗒 score
／9 | 🎧 002 ゆっくり
🎧 003 はやい | |

解答＆解説 ▶ 別冊 P.001

音声を聞き、英文を書き取ってみましょう。

書き取る際には日本語もヒントにして考えてみてください。

(1) 窓は閉まっている。

_____

(2) 時計が壁にかかっている。

_____

(3) 枕がベッドの上にある。

_____

(4) ベッドは整えられている。

_____

(5) シーツが床に積まれている。

_____

(6) 男性はセーターを脱いでいる。

_____

(7) ネコはベッドの上で横になっている。

_____

(8) 机の上に紙が一枚ある。

_____

(9) 彼女は部屋を出て行くところだ。

_____

TOEIC レベルにチャレンジ！

📄 score

/2

🎧 004
～
🎧 005

解答＆解説 ▶ 別冊 P.001

TOEIC L&R テスト Part 1「写真描写問題」形式の問題です。
下にある写真について 4 つの英文が読まれます。
その中で、写真を正しく描写しているものを選んでください。

1. 🎧 004

2. 🎧 005

Lesson 02 家／リビング

1 be seated
着席する

2 turn on the TV
テレビをつける

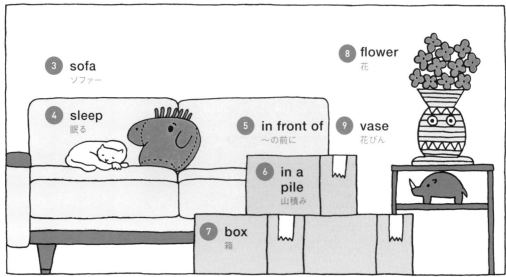

3 sofa
ソファー

4 sleep
眠る

5 in front of
〜の前に

6 in a pile
山積み

7 box
箱

8 flower
花

9 vase
花びん

Basic English Vocabulary Exercises
to improve your TOEIC L&R TEST score

PART

1

シチュエーション別に覚える重要単語＆熟語

lesson 02

家／リビング

006

date.1 ／　　　　date.2 ／

10 weather forecast
天気予報

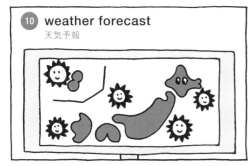

11 serve the food
料理を出す

12 have a meal
食事をする

13 dining table
食卓

14 cloth
布

15 cover
覆う

16 bookshelf
本棚

17 be arranged
整えられている

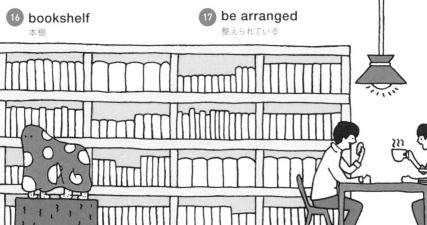

ドリルでトレーニング！	⏱ time limit **10** min.	📋 score /9	🎧 007 ゆっくり 🎧 008 はやい	

解答＆解説 ▶ 別冊 P.002

音声を聞き、次の英文の空欄に入る語句を書きこんでみましょう。

(1) He is (　　　　　　　) on the TV.

(2) He wants to watch the (　　　　　　) (　　　　　　).

(3) One of them is having a (　　　　　　).

(4) She is (　　　　　　) the food.

(5) They are (　　　　　　) at the (　　　　　　) table.

(6) The (　　　　　　) are in the (　　　　　　).

(7) A cat is (　　　　　　) on the (　　　　　　).

(8) The boxes are (　　　　　　) with a cloth.

(9) The boxes are in a (　　　　　　) in front of the (　　　　　　).

書き取りトレーニング！	⏱ time limit **10** min.	🗒 score /9	🎧 **007** ゆっくり 🎧 **008** はやい	

解答 & 解説 ▶ 別冊 **P.002**

音声を聞き、英文を書き取ってみましょう。
書き取る際には日本語もヒントにして考えてみてください。

(1)　彼はテレビをつけている。

_____

(2)　彼は天気予報を見たい。

_____

(3)　彼らの中の一人は食事をしている。

_____

(4)　彼女は料理を出している。

_____

(5)　彼らは食卓の席についている。

_____

(6)　花が花びんの中にある。

_____

(7)　ネコがソファの上で眠っている。

_____

(8)　箱が布で覆われている。

_____

(9)　箱は本棚の前に山積みにされている。

_____

TOEIC レベルにチャレンジ！

解答＆解説 ▶ 別冊 P.002

TOEIC L&R テスト Part 1「写真描写問題」形式の問題です。
下にある写真について 4 つの英文が読まれます。
その中で、写真を正しく描写しているものを選んでください。

1. 🎧 009

Ⓐ Ⓑ Ⓒ Ⓓ

2. 🎧 010

Ⓐ Ⓑ Ⓒ Ⓓ

身の回りのものを表す重要単語①

身の回りのものを表す重要単語をまとめておきましょう。
毎日の生活に欠かせないものばかりです。しっかり覚えておきましょう。

☐ 家具・雑貨

1	furniture	家具
2	chair	いす
3	couch	寝椅子
4	stool	（背もたれのない）いす
5	closet	たんす
6	shoebox	くつ箱
7	cusion	クッション
8	carpet	カーペット
9	curtain	カーテン
10	mattress	マットレス
11	hanger	ハンガー
12	iron	アイロン
13	towel	タオル
14	handkerchief	ハンカチ
15	slippers	スリッパ

☐ 電化製品

16	television	テレビ
17	video	ビデオ
18	air conditioner	エアコン
19	humidifier	加湿器
20	air-cleaning device	空気清浄機
21	vacuum cleaner	掃除機

22	washing machine	洗濯機
23	dryer	乾燥機

☐ バス、洗面用品

24	basin	洗面器
25	toothbrush	歯ブラシ
26	toothpaste	歯みがき粉
27	sponge	スポンジ
28	soap	石けん
29	shampoo	シャンプー
30	conditioner	コンディショナー
31	razor	カミソリ
32	bathtub	浴槽

☐ 設備・その他

33	bathroom	浴室・トイレ
34	sauna	サウナ
35	shower	シャワー
36	restroom	トイレ
37	balcony	ベランダ
38	storage	倉庫
39	corridor	ろうか
40	garage	車庫

Lesson 03 家／キッチン

🎧 012

date.1 ___／___　　date.2 ___／___

1 empty
空の

2 glass
グラス

3 bottle
ボトル

4 open
開いている

5 garbage can
ごみ箱

6 cupboard
食器棚

7 basket
かご

8 be full of
いっぱいの〜

9 fruit
果物

10 run
流れる

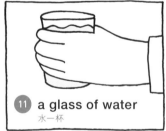

11 a glass of water
水一杯

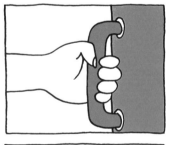

12 wash
洗う

13 drink
飲む

14 the refrigerator
冷蔵庫

15 take
とる

| ドリルでトレーニング！ | ① time limit
10 min. | ☰ score
／9 | 🎧 013 ゆっくり
🎧 014 はやい | |

解答＆解説 ▶ 別冊 P.003

音声を聞き、次の英文の空欄に入る語句を書きこんでみましょう。

(1) The window is (　　　　　　).

(2) There are many (　　　　　　) in the (　　　　　　).

(3) The bottle is (　　　　　　).

(4) A basket is (　　　　　　) of (　　　　　　).

(5) A man is (　　　　　　) a glass of (　　　　　　).

(6) She is (　　　　　　) the (　　　　　　).

(7) The water is (　　　　　　).

(8) He is taking something (　　　　　　) of the (　　　　　　).

(9) There are some (　　　　　　) (　　　　　　).

書き取りトレーニング！	⏱ time limit **10** min.	🗒 score ／9	🎧 **013** ゆっくり 🎧 **014** はやい

解答＆解説 ▶ 別冊 P.003

音声を聞き、英文を書き取ってみましょう。
書き取る際には日本語もヒントにして考えてみてください。

(1) 窓が開いている。

_____

(2) 食器棚の中にたくさんのグラスがある。

_____

(3) ボトルは空（から）だ。

_____

(4) かごは果物でいっぱいだ。

_____

(5) 男性はグラス一杯の水を飲んでいる。

_____

(6) 彼女は皿を洗っている。

_____

(7) 水が流れている。

_____

(8) 彼は何かを冷蔵庫から取り出している。

_____

(9) ごみ箱がいくつかある。

_____

TOEIC レベルにチャレンジ！

score

/5

🎧 015
～
🎧 019

解答＆解説 ▶ 別冊 P.003

TOEIC L&R テスト Part 2「応答問題」形式の問題です。
質問や文が読まれたあと、それに対する応答文が 3 つ読まれます。
その中でもっとも適切なものを選んでください。

🎧 015
1. Mark your answer.　　　Ⓐ Ⓑ Ⓒ

🎧 016
2. Mark your answer.　　　Ⓐ Ⓑ Ⓒ

🎧 017
3. Mark your answer.　　　Ⓐ Ⓑ Ⓒ

🎧 018
4. Mark your answer.　　　Ⓐ Ⓑ Ⓒ

🎧 019
5. Mark your answer.　　　Ⓐ Ⓑ Ⓒ

PART

1

シチュエーション別に覚える重要単語＆熟語

Lesson 03

家／キッチン

lesson 04 家／玄関・庭

020

date.1 ／ date.2 ／

1 **wear** 着る

2 **jacket** ジャケット

3 **carry** 持つ

4 **bag** バッグ

5 **leave** 出かける

6 **put on one's shoes** 靴を履く

7 **walk around** 歩き回る

8 **wave one's hand** 手を振る

9 **lean against the wall** 壁に寄りかかる

10 **ladder** はしご

11 **garden** 庭

12 **plant** 植える

| ドリルでトレーニング！ | ⏱ time limit **10** min. | 📝 score /8 | 🎧 **021** ゆっくり 🎧 **022** はやい |  |

解答＆解説 ▶ 別冊 P.004

音声を聞き、次の英文の空欄に入る語句を書きこんでみましょう。

(1)　He is（　　　　　　　　）a jacket.

(2)　He is（　　　　　　　　）for the station.

(3)　He is（　　　　　　　　）his bag.

(4)　She is（　　　　　　　　）her hand.

(5)　He is（　　　　　　　）（　　　　　　　　　）his shoes.

(6)　A cat is（　　　　　　　）（　　　　　　　　）.

(7)　The flowers are（　　　　　　）in the（　　　　　　　　）.

(8)　A ladder is（　　　　　　　）（　　　　　　　　　）the wall.

書き取りトレーニング！

解答＆解説 ▶ 別冊 P.004

| | time limit | score | 021 ゆっくり | 022 はやい |

time limit **10** min.

score ／8

音声を聞き、英文を書き取ってみましょう。
書き取る際には日本語もヒントにして考えてみてください。

(1)　彼はジャケットを着ている。

_____

(2)　彼は駅に向かっている。

_____

(3)　彼は鞄を持っている。

_____

(4)　彼女は手を振っている。

_____

(5)　彼は靴を履いている。

_____

(6)　ネコが歩き回っている。

_____

(7)　花が庭に植えられている。

_____

(8)　はしごが壁に寄りかかっている。

_____

TOEIC レベルにチャレンジ！

score

/5

023
〜
027

解答 & 解説 ▶ 別冊 P.004

TOEIC L&R テスト Part 2「応答問題」形式の問題です。
質問や文が読まれたあと、それに対する応答文が 3 つ読まれます。
その中でもっとも適切なものを選んでください。

023

1. Mark your answer. (A) (B) (C)

024

2. Mark your answer. (A) (B) (C)

025

3. Mark your answer. (A) (B) (C)

026

4. Mark your answer. (A) (B) (C)

027

5. Mark your answer. (A) (B) (C)

Lesson 05 公園／工事現場

1. walk side by side
   並んで歩く
2. street
   道
3. run
   走る
4. talk to each other
   お互いに話す
5. glance at one's watch
   腕時計をちらっと見る
6. bike
   自転車
7. out of order
   故障中
8. vending machine
   自動販売機
9. park
   停める

Basic English Vocabulary Exercises
to improve your TOEIC L&R TEST score

date.1 / date.2

10 park
公園

11 listen to music
音楽を聞く

12 fountain
噴水

13 feed the birds
鳥にえさをやる

15 construction site
工事現場

16 worker
作業員

14 dig a hole
穴を掘る

17 sweep the walkway
歩道を掃く

18 rope off
ロープを張る

ドリルでトレーニング！

解答＆解説 ▶ 別冊 P.006

time limit　　score
10 min.　　／10

029 ゆっくり
030 はやい

音声を聞き、次の英文の空欄に入る語句を書きこんでみましょう。

(1) A woman is (　　　　　　　) birds.

(2) He is (　　　　　　) to music.

(3) A man is (　　　　　) down the (　　　　　　　).

(4) Two men are walking (　　　　　　) by (　　　　　　).

(5) A bike is (　　　　　) next to the (　　　　　　) machine.

(6) The machine is out of (　　　　　　).

(7) They are talking to (　　　　　) (　　　　　　).

(8) A man is (　　　　　　) the (　　　　　　).

(9) The (　　　　　) site is (　　　　　) off.

(10) The (　　　　　) is (　　　　　) a hole at a construction site.

書き取りトレーニング！

⏱ time limit **10** min.   📋 score ＿/10   🎧 **029** ゆっくり   🎧 **030** はやい

解答＆解説 ▶ 別冊 P.006

音声を聞き、英文を書き取ってみましょう。
書き取る際には日本語もヒントにして考えてみてください。

(1) 女性が鳥にえさをやっている。

＿＿＿＿＿＿＿＿＿＿＿＿＿＿＿＿＿＿＿＿＿＿＿＿＿

(2) 彼は音楽を聞いている。

＿＿＿＿＿＿＿＿＿＿＿＿＿＿＿＿＿＿＿＿＿＿＿＿＿

(3) 男性が道を走っている。

＿＿＿＿＿＿＿＿＿＿＿＿＿＿＿＿＿＿＿＿＿＿＿＿＿

(4) 2人の男性が並んで歩いている。

＿＿＿＿＿＿＿＿＿＿＿＿＿＿＿＿＿＿＿＿＿＿＿＿＿

(5) 自転車が自動販売機の隣に停められている。

＿＿＿＿＿＿＿＿＿＿＿＿＿＿＿＿＿＿＿＿＿＿＿＿＿

(6) その機械は故障している。

＿＿＿＿＿＿＿＿＿＿＿＿＿＿＿＿＿＿＿＿＿＿＿＿＿

(7) 彼らはお互いに話している。

＿＿＿＿＿＿＿＿＿＿＿＿＿＿＿＿＿＿＿＿＿＿＿＿＿

(8) 男性が歩道を掃いている。

＿＿＿＿＿＿＿＿＿＿＿＿＿＿＿＿＿＿＿＿＿＿＿＿＿

(9) 工事現場にはロープが張られている。

＿＿＿＿＿＿＿＿＿＿＿＿＿＿＿＿＿＿＿＿＿＿＿＿＿

(10) 作業員が工事現場で穴を掘っている。

＿＿＿＿＿＿＿＿＿＿＿＿＿＿＿＿＿＿＿＿＿＿＿＿＿

PART **1** シチュエーション別に覚える重要単語＆熟語

Lesson 05

公園／工事現場

TOEIC レベルにチャレンジ！

score

/2

解答＆解説 ▶ 別冊 P.006

TOEIC L&R テスト Part 1「写真描写問題」形式の問題です。
下にある写真について 4 つの英文が読まれます。
その中で、写真を正しく描写しているものを選んでください。

1. 🎧 031

Ⓐ Ⓑ Ⓒ Ⓓ

2. 🎧 032

Ⓐ Ⓑ Ⓒ Ⓓ

日常生活に関する重要単語・熟語

日常生活、レジャーなどに関する重要単語・熟語です。
これまでの lesson にもいくつか出てきましたが、改めてまとめておきましょう。

☐ 日常生活

1	build	建てる
2	cook	料理する
3	enter	中に入る
4	hang	かける
5	have a conversation	会話する
6	insert	差し込む
7	lean against	寄りかかる
8	leave	去る
9	look into	のぞく
10	look back	振り返る
11	move	動かす
12	pick up	拾う
13	point at	指さす
14	pull	引っ張る
15	push	押す
16	reach down	手を下に伸ばす
17	share	一緒に使う
18	spread	広げる
19	stand	立つ
20	stand behind	後ろに立つ
21	take a bite	一口かじる
22	take off	脱ぐ
23	throw	投げる
24	throw away	投げ捨てる
25	trim	切りそろえる
26	unplug	プラグを抜く
27	use	使う
28	walk around	歩き回る
29	water	水をやる
30	browse	（ざっと）見る

☐ レジャー

31	camp	キャンプする
32	climb	登る
33	itinerary	旅行日程表
34	fish	魚を釣る
35	paint	絵を描く
36	play	遊ぶ
37	swim	泳ぐ
38	mall	ショッピングモール

☐ 外食

39	restaurant	レストラン
40	diner	軽食レストラン
41	chef	料理人
42	appetizer	前菜
43	cuisine	料理

Lesson 06 駅

1 **head to**
〜へ向かう

2 **walk in different directions**
違う方向に歩く

3 **cross the intersection**
交差点を渡る

4 **get on [in]**
乗車する

5 **be crowded**
混んでいる

6 **vehicle**
乗り物

7 **buy a ticket**
切符を買う

8 **wait**
待つ

9 **commuter**
通勤者

034

date.1 　　／　　　date.2 　　／

10 train
電車

11 subway
地下鉄

12 carry the package
小包を運ぶ

13 unload the goods
品物を降ろす

14 go down
the stairs
階段を降りる

15 take a taxi
タクシーに乗る

16 be lined up in a row
一列に並ぶ

ドリルでトレーニング！

⏱ time limit
10 min.

📋 score
／10

🎧 035 ゆっくり
🎧 036 はやい

解答＆解説 ▶ 別冊 P.007

音声を聞き、次の英文の空欄に入る語句を書きこんでみましょう。

(1)　A woman is（　　　　　　　）a ticket.

(2)　The people are（　　　　　　　）in a（　　　　　　　）.

(3)　（　　　　　　　）are going down the stairs.

(4)　A man is（　　　　　　　）goods.

(5)　He is（　　　　　　）the（　　　　　　　）.

(6)　He is（　　　　　　）a taxi.

(7)　Taxies are（　　　　　　）up in a（　　　　　　）.

(8)　He is（　　　　　　　）the（　　　　　　）.

(9)　They are walking in（　　　　　　）（　　　　　　）.

(10)　He is（　　　　　　）to the（　　　　　　　）station.

解答 & 解説 ▶ 別冊 P.007

| 書き取りトレーニング！ | ⏱ time limit 10 min. | 📝 score /10 | 🎧 035 ゆっくり
🎧 036 はやい | |

音声を聞き、英文を書き取ってみましょう。
書き取る際には日本語もヒントにして考えてみてください。

(1) 女性は切符を買っている。

_____

(2) その人々は乗り物に乗りこんでいる。

_____

(3) 通勤者が階段を下りている。

_____

(4) 男性は品物を降ろしている。

_____

(5) 彼は小包を運んでいる。

_____

(6) 彼はタクシーに乗っている。

_____

(7) タクシーが一列に並んでいる。

_____

(8) 彼は交差点を渡っている。

_____

(9) 彼らは違う方向に歩いている。

_____

(10) 彼は地下鉄の駅に向かっている。

_____

PART 1

シチュエーション別に覚える重要単語 & 熟語

Lesson 06

駅

TOEIC レベルにチャレンジ！

解答＆解説 ▶ 別冊 P.007

TOEIC L&R テスト Part 2「応答問題」形式の問題です。
質問や文が読まれたあと、それに対する応答文が 3 つ読まれます。
その中でもっとも適切なものを選んでください。

037

1. Mark your answer.　　　　　　　Ⓐ Ⓑ Ⓒ

038

2. Mark your answer.　　　　　　　Ⓐ Ⓑ Ⓒ

039

3. Mark your answer.　　　　　　　Ⓐ Ⓑ Ⓒ

040

4. Mark your answer.　　　　　　　Ⓐ Ⓑ Ⓒ

041

5. Mark your answer.　　　　　　　Ⓐ Ⓑ Ⓒ

身の回りのものを表す重要単語②

Basic English Vocabulary Exercises
to improve your TOEIC L&R TEST score

🎧 042

身の回りのものを表す重要単語をまとめておきましょう。
やや難しい単語もありますが、覚えておくと便利です。しっかり確認しておきましょう。

☐ 日用品・衣類

1	cloth	布
2	clothes	洋服
3	clothing	衣類
4	scarf	スカーフ
5	hat	帽子
6	cap	帽子

☐ 家具・寝具

7	furniture	家具
8	table	テーブル
9	tablecloth	テーブルクロス
10	closet	たんす
11	mirror	鏡
12	sink	流し
13	light fixtures	照明器具
14	lamp	ランプ
15	bedding	寝具

☐ その他の身の回りのもの

16	meal	食事
17	beverages	飲みもの
18	eating utensils	食器
19	tray	トレー

20	cart	カート
21	equipment	備品
22	goods	品物
23	merchandise	商品
24	item	道具
25	labels	ラベル
26	microphone	マイク
27	notebook	ノート
28	pencil	えんぴつ
29	thumbtack	画びょう
30	sunglasses	サングラス
31	railing	手すり
32	brick wall	レンガの壁
33	curb	縁石

☐ 店

34	shop	店
35	bakery	パン屋
36	chef	料理人
37	the cleaners	クリーニング屋
38	locksmith	鍵屋
39	printer	印刷業者
40	repair shop	修理屋

lesson 07 大学／教室

043

date.1　　　／　　　date.2　　　／

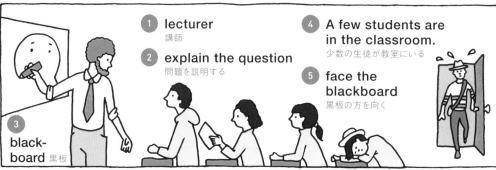

1 lecturer
講師

2 explain the question
問題を説明する

3 black-board 黒板

4 A few students are in the classroom.
少数の生徒が教室にいる

5 face the blackboard
黒板の方を向く

6 read a textbook
教科書を読む

7 fall asleep
眠り込む

8 take notes
ノートをとる

9 listen to a lecture
講義を聞く

10 look out of the window
窓の外を見る

12 be late for class
授業に遅れる

11 talk quietly
静かに話す

ドリルでトレーニング！	⏱ time limit 10 min.	📝 score /10	🎧 044 ゆっくり 🎧 045 はやい

解答＆解説 ▶ 別冊 P.008

音声を聞き、次の英文の空欄に入る語句を書きこんでみましょう。

(1) The (　　　　　　　) is writing on the blackboard.

(2) He is (　　　　　　) the question.

(3) He is (　　　　　　) for class.

(4) He is (　　　　　) (　　　　　　).

(5) She is (　　　　　) (　　　　　　).

(6) She is (　　　　　　) a textbook.

(7) She is (　　　　　　) to a lecture.

(8) A (　　　　　　) students are in the (　　　　　　).

(9) A student is (　　　　　　) the (　　　　　　).

(10) They are (　　　　　　) (　　　　　　).

043

書き取りトレーニング！

time limit
10 min.

score
/10

044 ゆっくり
045 はやい

解答＆解説 ▶ 別冊 P.009

音声を聞き、英文を書き取ってみましょう。
書き取る際には日本語もヒントにして考えてみてください。

(1) 講師は黒板に書いている。

_____

(2) 彼は問題を説明している。

_____

(3) 彼は授業に遅れる。

_____

(4) 彼はノートをとっている。

_____

(5) 彼女は眠り込んでいる。

_____

(6) 彼女は教科書を読んでいる。

_____

(7) 彼女は講義を聞いている。

_____

(8) 少数の生徒が教室にいる。

_____

(9) 生徒は黒板の方を向いている。

_____

(10) 彼らは静かに話している。

_____

TOEIC レベルにチャレンジ！

解答＆解説 ▶ 別冊 P.009

TOEIC L&R テスト Part 3「会話文」形式の問題です。

2 人の人物による会話が音声で流れます。

会話の内容に関する以下の質問の答えとして、もっとも適切なものを選んでください。

1. What does the man say is difficult to do ?

(A) Find the right business
(B) Improve his English
(C) Understand course talks
(D) Meet many Canadians

2. What does the woman do at home ?

(A) Design new content
(B) Go over her own writing
(C) Download class reviews
(D) Tutor some students

3. What does the man suggest ?

(A) Taking better notes
(B) Explaining ideas clearly
(C) Changing classrooms
(D) Forming a group

Lesson 08 大学／実験室

🎧 047

date.1 ／ date.2 ／

2 ask questions
質問する

3 busy
忙しい

4 professor
教授

5 answer
答える

1 cabinet
戸棚

6 be locked
鍵がかかっている

7 use a scale
はかりを使う

8 look into
のぞき込む

9 microscope
顕微鏡

10 complete the task
作業を完了する

11 prepare the experiment
実験の準備をする

12 place instruments
道具を置く

13 clean
掃除する

14 feel sick
気分が悪い

ドリルでトレーニング！

time limit
10 min.

score
／9

048 ゆっくり
049 はやい

解答＆解説 ▶ 別冊 P.010

音声を聞き、次の英文の空欄に入る語句を書きこんでみましょう。

(1) The（　　　　　　）is（　　　　　　）.

(2) He is（　　　　　　）a（　　　　　　）.

(3) They（　　　　　　）the（　　　　　　）.

(4) She is（　　　　　　）the table.

(5) He is（　　　　　　）（　　　　　　）for the（　　　　　　）.

(6) Many（　　　　　　）are（　　　　　　）on the table.

(7) The（　　　　　　）is（　　　　　　）the question.

(8) The students are（　　　　　　）some（　　　　　　）.

(9) He is looking（　　　　　　）a（　　　　　　）.

書き取りトレーニング！

time limit
10 min.

score
/ 9

048 ゆっくり
049 はやい

解答＆解説 ▶ 別冊 P.010

音声を聞き、英文を書き取ってみましょう。
書き取る際には日本語もヒントにして考えてみてください。

(1) 戸棚には鍵がかけられている。

_____

(2) 彼ははかりを使っている。

_____

(3) 彼らは作業を完了した。

_____

(4) 彼女はテーブルを掃除している。

_____

(5) 彼は実験の準備をするのに忙しい。

_____

(6) 多くの道具が机の上に置かれている。

_____

(7) 教授は質問に答えている。

_____

(8) 生徒は質問をしている。

_____

(9) 彼は顕微鏡をのぞいている。

_____

TOEIC レベルにチャレンジ！

score /3 🎧 050

解答 & 解説 ▶ 別冊 P.010

TOEIC L&R テスト Part 3「会話文」形式の問題です。

2 人の人物による会話が音声で流れます。

会話の内容に関する以下の質問の答えとして、もっとも適切なものを選んでください。

1. Who most likely are the speakers ?

(A) Company staff
(B) Salespersons
(C) Repair staff
(D) University students

2. What have the man and woman already received ?

(A) Biology books
(B) Class grades
(C) Software
(D) E-mails

3. What does the man say he has experienced ?

(A) Selling microscopes
(B) Preparing experiments
(C) Using equipment
(D) Helping experts

Lesson 09 会社／エントランス

1. **work for a trading company**
商社で働く

2. **show one's identification card**
IDカードを見せる

3. **wait for someone**
誰かを待つ

4. **meet**
会う

5. **shake hands**
握手する

6. **lobby**
ロビー

7. **look at the picture**
絵を見る

🎧 051

Basic English Vocabulary Exercises
to improve your TOEIC L&R TEST score

PART

1

シチュエーション別に覚える重要単語＆熟語

lesson 09

会社／エントランス

date.1 ／　　　　date.2 ／

8 **greet**
あいさつする

9 **receptionist**
受付係

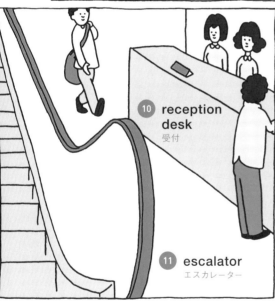

10 **reception desk**
受付

11 **escalator**
エスカレーター

12 **take a message**
伝言を聞く

13 **check the guest list**
訪問者リストを確認する

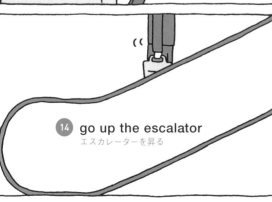

14 **go up the escalator**
エスカレーターを昇る

15 **make an appointment**
面会の約束をする

ドリルでトレーニング！

time limit
10 min.

score
／10

052 ゆっくり
053 はやい

解答＆解説 ▶ 別冊 P.011

音声を聞き、次の英文の空欄に入る語句を書きこんでみましょう。

(1)　He works （　　　　　　） a （　　　　　　） company.

(2)　He is （　　　　　　） his （　　　　　　） card.

(3)　They are at the （　　　　　　） desk.

(4)　A （　　　　　　） is （　　　　　　） a message.

(5)　She is （　　　　　　） visitors.

(6)　She is （　　　　　　） the guest list.

(7)　He （　　　　　　） an （　　　　　　）.

(8)　A man is （　　　　　　） for someone in the （　　　　　　）.

(9)　They are （　　　　　　） （　　　　　　）.

(10)　A woman is going （　　　　　　） the （　　　　　　）.

| 書き取りトレーニング！ | ⏱ time limit 10 min. | 🗒 score /10 | 🎧 052 ゆっくり 🎧 053 はやい |

解答&解説 ▶ 別冊 P.011

音声を聞き、英文を書き取ってみましょう。
書き取る際には日本語もヒントにして考えてみてください。

(1) 彼は商社で働いている。

_____

(2) 彼は自分の **ID** カードを見せている。

_____

(3) 彼らは受付にいる。

_____

(4) 受付係が伝言を聞いている。

_____

(5) 彼女はお客さんたちにあいさつしている。

_____

(6) 彼女は訪問者リストを確認している。

_____

(7) 彼は面会の約束をした。

_____

(8) 男性がロビーで誰かを待っている。

_____

(9) 彼らは握手している。

_____

(10) 女性がエスカレーターを昇っている。

_____

TOEIC レベルにチャレンジ！

解答＆解説 ▶ 別冊 P.012

TOEIC L&R テスト Part 4「説明文」形式の問題です。

1 人の人物による説明文が音声で流れます。

説明文の内容に関する以下の質問の答えとして、もっとも適切なものを選んでください。

1. What is the main purpose of the voicemail message ?

(A) To cancel a reservation
(B) To confirm a location
(C) To ask about a purchase
(D) To update an account Ⓐ Ⓑ Ⓒ Ⓓ

2. Where is Mr. Toiku calling from ?

(A) The trading department
(B) The lobby
(C) The escalator
(D) The office desk Ⓐ Ⓑ Ⓒ Ⓓ

3. What is Ms. Collins asked to do ?

(A) Change a date
(B) Make an appointment
(C) Send a text
(D) Wait for a few minutes Ⓐ Ⓑ Ⓒ Ⓓ

Basic English Vocabulary Exercises
to improve your TOEIC L&R TEST score

PART

1

シチュエーション別に覚える重要単語＆熟語

Lesson 09

会社　エントランス

＊

ビジネスに関する重要単語①

🎧 055

ビジネスに関する重要単語をまとめておきましょう。
普段あまり使わない単語もありますが、TOEIC L&R テストでは頻出です。

☐ 経営

1	analyze	分析する
2	assign	割り当てる
3	boost	強化する
4	compete	競争する
5	earn	稼ぐ
6	establish	設立する
7	expand	拡大する
8	merge	合併する
9	promote	促進する
10	protect	保護する
11	reduce	減らす
12	reform	改善する
13	reinforce	強化する
14	revise	改訂する
15	solve	解決する

☐ 決算

16	accomplish	達成する
17	accumulate	蓄積する
18	consume	消費する
19	issue	発行する
20	occupy	占める
21	refund	返金する

22	report	報告する

☐ 営業

23	assure	保証する
24	complain	苦情を言う
25	demand	要求する
26	deliver	配達する
27	negotiate	交渉する
28	order	注文する
29	ship	発送する

☐ 生産

30	eliminate	除外する
31	ensure	保証する
32	inspect	検査する
33	invent	発明する
34	manufacture	製造する
35	produce	つくる

☐ 人事・労務

36	appraise	評価する
37	designate	指名する
38	dispose	処分する
39	evaluate	評価する

Lesson 10 会社／オフィス

1 **make a delivery**
配達する

3 **make some photocopies**
コピーする

4 **take a break**
休憩する

2 **be piled up**
積み上げられる

5 **folder**
フォルダー

6 **talk on the phone**
電話で話す

7 **concentrate on**
集中する

8 **do paperwork**
書類作業をする

9 **draw up**
〜を作成する

10 **make a reservation**
予約する

12 **make a phone call**
電話をかける

11 **place an order**
注文する

Basic English Vocabulary Exercises
to improve your TOEIC L&R TEST score

PART

1

シチュエーション別に覚える重要単語＆熟語

lesson 10

会社／オフィス

🎧 056

date.1 ___ / ___ date.2 ___ / ___

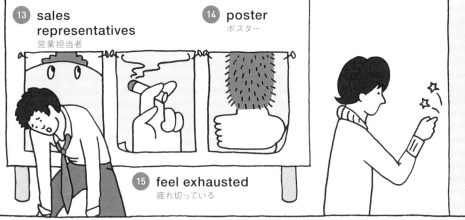

13 sales
representatives
営業担当者

14 poster
ポスター

15 feel exhausted
疲れ切っている

16 applicant
応募者

17 hand in
a résumé
履歴書を提出する

18 conduct
an interview
面接する

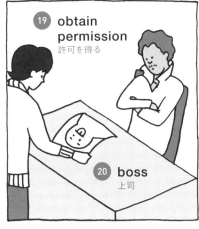

19 obtain
permission
許可を得る

20 boss
上司

21 approve
承認する

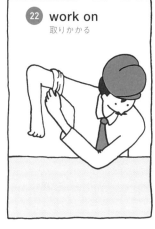

22 work on
取りかかる

ドリルでトレーニング！

⏱ time limit
10 min.

📋 score
／10

🎧 057 ゆっくり
🎧 058 はやい

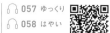

解答＆解説 ▶ 別冊 P.013

音声を聞き、次の英文の空欄に入る語句を書きこんでみましょう。

(1)　A staff member is （　　　　　　） some （　　　　　　）.

(2)　She is （　　　　　） a （　　　　　）.

(3)　She is （　　　　　） some （　　　　　）.

(4)　Some （　　　　　） （　　　　　） are away from their desks.

(5)　He is （　　　　　） on （　　　　　） up a document.

(6)　He is （　　　　　） （　　　　　）.

(7)　She is （　　　　　） an （　　　　　）.

(8)　The boss is （　　　　　） the request.

(9)　An （　　　　　） is （　　　　　） in his résumé.

(10)　A representative of the personnel department is （　　　　　） an （　　　　　）.

書き取りトレーニング！

⏱ time limit
10 min.

📋 score
／10

🎧 **057** ゆっくり
🎧 **058** はやい

Basic English Vocabulary Exercises
to improve your TOEIC L&R TEST score

解答＆解説 ▶ 別冊 P.013

音声を聞き、英文を書き取ってみましょう。
書き取る際には日本語もヒントにして考えてみてください。

(1) 社員がコピーをしている。

_____

(2) 彼女は休憩している。

_____

(3) 彼女は書類作業をしている。

_____

(4) 営業担当の何人かは自分の机を離れている。

_____

(5) 彼は文書作成に集中している。

_____

(6) 彼は疲れ切っている。

_____

(7) 彼女は注文をしている。

_____

(8) 上司は要請を承認している。

_____

(9) 応募者は履歴書を提出している。

_____

(10) 人事担当者は面接をしている。

_____

PART **1** シチュエーション別に覚える重要単語＆熟語

lesson 10

会社／オフィス

| TOEIC レベルにチャレンジ！ | ⏱ time limit
2 min. | 🗐 score
／5 |

解答＆解説 ▶ 別冊 P.013

TOEIC L&R テスト Part 5「短文穴埋め」形式の問題です。
それぞれの空所にもっとも適切なものを選んで、文章を完成させてください。

1. At the next meeting, Mr. Young may ------- permission to hire another sales representative.

(A) obtain
(B) make
(C) stay
(D) concern　　　Ⓐ Ⓑ Ⓒ Ⓓ

2. The new assistant will do paperwork for the sales team, so they can ------- on closing new deals.

(A) develop
(B) answer
(C) install
(D) concentrate　　　Ⓐ Ⓑ Ⓒ Ⓓ

3. The personnel department will conduct interviews with any qualified ------- who hands in a résumé.

(A) applicator
(B) applicant
(C) applicably
(D) apply　　　Ⓐ Ⓑ Ⓒ Ⓓ

4. Remarke Trading Co. recommends all staff members take breaks from time to time so that they will not ------ exhausted.

(A) have
(B) feel
(C) come
(D) sense　　　Ⓐ Ⓑ Ⓒ Ⓓ

5. Mr. Byron has drawn up an ambitious ------- to have at least five new customers place orders with his company.

(A) situation
(B) news
(C) project
(D) stage　　　Ⓐ Ⓑ Ⓒ Ⓓ

会社・仕事で使われる重要単語①

  059

会社・仕事で使われる重要単語をまとめておきましょう。

仕事をする上で欠かせない単語です。TOEIC L&R テストでも頻出ですので、ぜひ覚えましょう。

☐ 事務用品

1	office supplies	事務用品
2	envelope	封筒
3	writing paper	便せん
4	glue	のり
5	stapler	ホチキス
6	notepad	メモ帳
7	ink cartridge	インクカートリッジ

☐ オフィス機器・その他

8	printer	プリンター
9	photocopier	コピー機
10	land-line phone	固定電話
11	filing cabinet	書類整理棚
12	cell[mobile] phone	携帯電話

☐ 電話対応

13	outside line	外線
14	extension	内線
15	caller	電話をかけた人
16	incoming call	かかってきた電話
17	outgoing call	かける電話
18	connect	つなぐ
19	transfer	つなぐ

20	put ～ through	人につなぐ

☐ 人

21	colleague	同僚
22	coworker	同僚
23	superior	上司
24	foreman	現場監督
25	chief	長

☐ 給料・その他

26	paycheck	給料
27	salary	給料
28	payslip	給与明細書
29	wage	賃金
30	income tax	所得税
31	pension	年金

☐ 人事関係

32	promote	昇進させる
33	advance	昇進する
34	demote	降格させる
35	resign	辞任する
36	retire	引退する
37	job change	転職

Basic English Vocabulary Exercises
to improve your TOEIC L&R TEST score

PART

1

シチュエーション別に覚える重要単語＆熟語

Lesson 10

会社／オフィス

lesson 11 会社／会議室①

1. pay attention to the graph
グラフに注目する

2. increase
増加する

3. deliver a presentation
プレゼンをする

4. turn off the light
電気を消す

5. point out a mistake
間違いを指摘する

6. adjust a projector
プロジェクターを調節する

7. The sales meeting is being held in the conference room.
営業会議が会議室で行われている。

8. attend a meeting
会議に出席する

Basic English Vocabulary Exercises
to improve your TOEIC L&R TEST score

PART

1

シチュエーション別に覚える重要単語＆熟語

lesson 11

会社／会議室①

🎧 060

date.1　　　　／　　　　date.2　　　　／

9 summarize the presentation
プレゼンをまとめる

10 hand out
〜を配る

11 verify the data
データを検証する

12 nod one's head
うなずく

13 examine the document
文書を検討する

14 step into the room
部屋に入る

15 be stuck in traffic
渋滞につかまる

ドリルでトレーニング！

time limit **10** min.

score ／10

061 ゆっくり
062 はやい

解答＆解説 ▶ 別冊 P.014

音声を聞き、次の英文の空欄に入る語句を書きこんでみましょう。

(1)　She is (　　　　　　　) out the (　　　　　　　　).

(2)　The (　　　　　　　) are (　　　　　　　).

(3)　He is (　　　　　　　) a presentation.

(4)　He is (　　　　　　　) a projector.

(5)　He is (　　　　　　　) the presentation.

(6)　She is (　　　　　　　) the (　　　　　　　).

(7)　They are (　　　　　　　) the meeting.

(8)　He is (　　　　　　　) the data.

(9)　He is (　　　　　　　) into the (　　　　　　　) room.

(10)　He was (　　　　　　　) in (　　　　　　　).

Basic English Vocabulary Exercises
to improve your TOEIC L&R TEST score

PART

1

シチュエーション別に覚える重要単語&熟語

lesson 11

会社／会議室①

書き取りトレーニング！

⏱ time limit
10 min.

🖹 score
／10

🎧 061 ゆっくり
🎧 062 はやい

解答&解説 ▶ 別冊 P.014

音声を聞き、英文を書き取ってみましょう。
書き取る際には日本語もヒントにして考えてみてください。

(1) 彼女は間違いを指摘している。

_____

(2) 売り上げが増加している。

_____

(3) 彼はプレゼンをしている。

_____

(4) 彼はプロジェクターを調節している。

_____

(5) 彼はプレゼンをまとめている。

_____

(6) 彼女は文書を検討している。

_____

(7) 彼らは会議に参加している。

_____

(8) 彼はデータを検証している。

_____

(9) 彼は会議室に入っていく。

_____

(10) 彼は渋滞につかまった。

_____

TOEIC レベルにチャレンジ！

解答&解説 ▶ 別冊 P.014

TOEIC L&R テスト Part 5「短文穴埋め」形式の問題です。
それぞれの空所にもっとも適切なものを選んで、文章を完成させてください。

1. Staff who ------- presentations at Remarke Trading Co. usually hand out papers that summarize their ideas.

(A) respond
(B) deliver
(C) talk
(D) let　　　Ⓐ Ⓑ Ⓒ Ⓓ

2. Mr. Thomas used projector slides to point ------- a sharp increase in sales at his company for the year.

(A) out
(B) for
(C) through
(D) as　　　Ⓐ Ⓑ Ⓒ Ⓓ

3. Both administration and operations staff will attend the meeting next week to ------- business performance.

(A) inquire
(B) pay
(C) afford
(D) examine　　　Ⓐ Ⓑ Ⓒ Ⓓ

4. With the regular account manager ------- in traffic, Mr. Takei was asked to step into the conference room to take her place with a client.

(A) sticking
(B) will stick
(C) stuck
(D) has stuck　　　Ⓐ Ⓑ Ⓒ Ⓓ

5. Ms. Gupta had her team ------- all sales data and adjust any figures that seemed incorrect.

(A) verifiably
(B) verify
(C) verifier
(D) verification　　　Ⓐ Ⓑ Ⓒ Ⓓ

*

社会や仕事に関する重要単語

🎧 063

社会や仕事に関する重要単語をまとめておきましょう。
TOEIC L&R テスト対策だけてなく、英字新聞などを読む際にもとても役立ちます。

☐ 宣伝・広告

1	market trend	市場動向
2	advertisement	広告
3	billboard	広告板
4	pamphlet	パンフレット
5	brochure	パンフレット
6	media	メディア
7	press	報道陣
8	strategy	戦略
9	tactics	戦術
10	conference	会議
11	convention	集会
12	outlook	見解・見通し
13	upsurge	急増する

☐ 景気

14	upturn	景気上昇
15	flourish	繁栄する
16	prosper	繁栄する
17	revitalize	活性化する
18	recession	景気後退
19	downturn	景気下降
20	plunge	急落する
21	plummet	急落する

22	financial crisis	財政危機
23	unemployment rate	非雇用率

☐ 費用

24	labor cost	人件費
25	operating cost	運営費
26	rent	家賃
27	material cost	材料費
28	entertainment expense	交際費
29	revenue	歳入
30	proceeds	収益
31	expenditure	歳出
32	expense	経費

☐ 経営

33	restructure	構造を改革する
34	downsize	規模を縮小する
35	streamline	効率化する
36	cutback	削減
37	outsourcing	外注
38	merger	合併
39	acquisition	買収
40	buyout	買収
41	takeover	乗っ取り

lesson 12 会社／会議室②

1 belong to
the human resources division
人事部に所属する

2 The monthly meeting is
taking place.
月例会議が行われている。

3 board of directors
取締役会

4 agenda
議題

064

Basic English Vocabulary Exercises
to improve your TOEIC L&R TEST score

PART

1

シチュエーション別に覚える重要単語＆熟語

lesson 12

会社／会議室②

date.1　　　／　　　date.2　　　／

5 think of
思いつく

6 find some mistakes
間違いを見つける

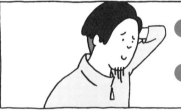

7 praise
ほめる

8 compliment
ほめる

Good job!

9 be appointed to
〜に指名される

Me?

You!

10 take a memo
メモをとる

11 be satisfied with the presentation
プレゼンに満足する

12 agree with the proposal
提案に賛成する

会社組織と主な役職

🎧 065

| 1 | headquarters 本社 |

4	sales 営業
5	manager 部長
6	staff member 社員

| 7 | public relations 広報 |

| 8 | planning 企画 |

| 2 | president 社長 |

| 3 | vice president 副社長 |

9	general affairs 総務
10	accounting 経理
11	human resources 人事

12	branch 支社
13	branch manager 支社長
14	secretary 秘書

ドリルでトレーニング！	⏱ time limit **10** min.	🗐 score /10	🎧 066 ゆっくり 🎧 067 はやい	

解答＆解説 ▶ 別冊 P.016

音声を聞き、次の英文の空欄に入る語句を書きこんでみましょう。

(1) The (　　　　　　　) meeting is (　　　　　　　) (　　　　　　　).

(2) The sales (　　　　　　　) (　　　　　　　) of approximately 20 members.

(3) He (　　　　　　　) of another new (　　　　　　　).

(4) She (　　　　　　　) some (　　　　　　　).

(5) He is (　　　　　　　) to (　　　　　　　) manager.

(6) The president (　　　　　　　) him (　　　　　　　) his work.

(7) She is (　　　　　　　) (　　　　　　　) the presentation.

(8) He doesn't (　　　　　　　) with the (　　　　　　　).

(9) Some employees are (　　　　　　　) (　　　　　　　) the meeting.

(10) She (　　　　　　　) to the human (　　　　　　　) division.

PART **1** シチュエーション別に覚える重要単語＆熟語

Lesson 12

会社／会議室②

書き取りトレーニング！

⏱ time limit
10 min.

📋 score
／10

🎧 066 ゆっくり
🎧 067 はやい

解答＆解説 ▶ 別冊 P.016

音声を聞き、英文を書き取ってみましょう。
書き取る際には日本語もヒントにして考えてみてください。

(1) 月例会議が行われている。

_____

(2) 営業部はおよそ 20 名で構成されている。

_____

(3) 彼は他の新しい考えを思いつく。

_____

(4) 彼女はいくつかの間違いを見つける。

_____

(5) 彼は支社長に指名される。

_____

(6) 社長は彼の仕事ぶりをほめる。

_____

(7) 彼女はプレゼンに満足している。

_____

(8) 彼は提案に賛成していない。

_____

(9) 何人かの従業員が会議に参加している。

_____

(10) 彼女は人事部に所属している。

_____

TOEIC レベルにチャレンジ！

🕐 time limit **2** min.

📋 score /4

解答&解説 ▶ 別冊 P.016

TOEIC L&R テスト Part 6「長文穴埋め」形式の問題です。

それぞれの空所にもっとも適切なものを選んで、文章を完成させてください。

From:	Erika Sanchez [e.Sanchez@ remarketradingco.net]
To:	International Sales Staff [salesstaff@remarketradingco.net]
Subject:	Wednesday Meeting

Dear Staff,

As branch manager I'm satisfied with your work to date. Our world headquarters in Boston has also praised your work. All of you have received the ------- that I sent you yesterday.
1.

It has the main topics for our planning committee meeting on Wednesday. -------
2.

We will use Meeting Room 318 instead of Room 201. This room is larger, so it can more easily ------- all of our staff. -------, it has more advanced equipment installed.
3. **4.**

If you have any questions, please e-mail me. Otherwise, I look forward to seeing all of you on Wednesday.

Regards,
Erika Sanchez

---

1. (A) payment
(B) appliance
(C) meal
(D) agenda

2. (A) Would it be possible to postpone the date?
(B) All department employees must participate in this meeting.
(C) I was supposed to go on a business trip next week.
(D) On the first day, please submit the necessary report.

3. (A) accommodation
(B) accommodate
(C) accommodating
(D) to accommodate

4. (A) Moreover
(B) Oppositely
(C) Despite that
(D) Regardless of

1. Ⓐ Ⓑ Ⓒ Ⓓ
2. Ⓐ Ⓑ Ⓒ Ⓓ
3. Ⓐ Ⓑ Ⓒ Ⓓ
4. Ⓐ Ⓑ Ⓒ Ⓓ

lesson 13 会社／取引先

1 pay a visit
訪問する

2 fill out
記入する

3 verify the appointment
約束を確認する

4 apologize for the delay
遅刻をわびる

5 speak with
〜と話す

6 subordinate
部下

7 catch a cold
かぜをひく

8 get off the phone
電話を切る

9 meet the deadline
締め切りを守る

10 finish the budget
予算案を完成させる

068

date.1　　　　／　　　　　date.2　　　　／

11 person in charge
担当者

12 confirm
the plan
企画を確認する

13 convince
説得する

14 be
concerned
about
心配する

15 place an
emphasis on
〜を強調する

16 change
one's mind
気が変わる

17 cough
せきをする

18 sign
a contract
契約書に署名する

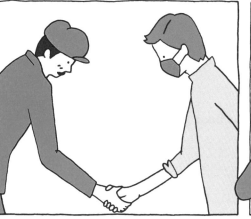

19 cold
symptoms
かぜの症状

ドリルでトレーニング！

⏱ time limit
10 min.

score
/10

🎧 069 ゆっくり
🎧 070 はやい

解答&解説 ▶ 別冊 P.017

音声を聞き、次の英文の空欄に入る語句を書きこんでみましょう。

(1) He is (　　　　　　) for the (　　　　　　　　).

(2) He is speaking (　　　　　　　) his (　　　　　　　).

(3) She is (　　　　　　　) the (　　　　　　　).

(4) He (　　　　　　　) (　　　　　　　) the phone.

(5) He is (　　　　　　　) an (　　　　　　　　) on the high quality of the product.

(6) She (　　　　　　　) her (　　　　　　　).

(7) They (　　　　　　　) a (　　　　　　　).

(8) She is taking a (　　　　　　　) and waiting for the (　　　　　　　) in (　　　　　　　).

(9) He is (　　　　　　　) his boss to modify the contract.

(10) He is (　　　　　　　) (　　　　　　　) the loss.

書き取りトレーニング！

⏱ time limit **10** min.

📋 score ／10

🎧 **069** ゆっくり
🎧 **070** はやい

解答＆解説 ▶ 別冊 **P.017**

音声を聞き、英文を書き取ってみましょう。
書き取る際には日本語もヒントにして考えてみてください。

(1) 彼は遅れたことをわびている。
_____

(2) 彼は部下と話している。
_____

(3) 彼女は予算案を完成させている。
_____

(4) 彼は電話を切った。
_____

(5) 彼は製品の高い品質を強調している。
_____

(6) 彼女は気が変わった。
_____

(7) 彼らは契約書に署名した。
_____

(8) 彼女は席に着き、責任者を待っている。
_____

(9) 彼は契約を修正するように上司を説得している。
_____

(10) 彼は損失を心配している。
_____

TOEIC レベルにチャレンジ！

TOEIC L&R テスト Part 5「短文穴埋め」形式の問題です。

それぞれの空所にもっとも適切なものを選んで、文章を完成させてください。

1. Mr. Thomas got off the phone with a customer at noon after apologizing ------- a delay in shipping some goods.

(A) to
(B) for
(C) in
(D) by　　　　　Ⓐ Ⓑ Ⓒ Ⓓ

2. Remarke Trading Co. sales teams place an ------- on convincing customers that they are concerned about providing high quality at a reasonable cost .

(A) occasion
(B) opportunity
(C) emphasis
(D) equipment　　　　Ⓐ Ⓑ Ⓒ Ⓓ

3. Ms. Sanchez spoke with a subordinate on whether a customer planned ------- a contract instead of changing their minds.

(A) to sign
(B) signing
(C) have signed
(D) will sign　　　　Ⓐ Ⓑ Ⓒ Ⓓ

4. Mr. Takei ------- a visit to Amtel Industries without an appointment, and so was asked to take a seat in the lobby and wait for a person to speak with him.

(A) totaled
(B) paid
(C) drove
(D) went　　　　　Ⓐ Ⓑ Ⓒ Ⓓ

5. The board of directors will look over the budget and may ------- parts before they confirm it.

(A) modifiable
(B) modifier
(C) modification
(D) modify　　　　Ⓐ Ⓑ Ⓒ Ⓓ

ビジネスに関する重要単語②

🎧 071

ビジネスに関する重要単語をまとめておきましょう。

日常生活で使われる単語もあります。知っておくとよいでしょう。

☐ 利益・損失

1	gain	収益
2	profit	利益
3	gross profit	総利益
4	net profit	純利益
5	margin	利ざや
6	loss	損失
7	in the red	赤字
8	offset	相殺
9	break-even point	損益分岐点
10	book	帳簿
11	terms and conditions	契約条件
12	violation	違反

☐ 販売・取引

13	quantity	量
14	goods	品物
15	merchandise	商品
16	article	物品
17	item	品物
18	commodity	日用品
19	wholesaler	問屋
20	retailer	小売店
21	distributor	卸売業者

22	dealer	販売業者
23	agent	代理業者
24	courier	配送業者

☐ 物流

25	shipping cost	発送費
26	handling cost	取扱手数料
27	by mail	郵便で
28	by truck	トラックで
29	by ship	船便で
30	by air	空輸便で
31	charge	代金を請求する
32	remit	送金する
33	pay in cash	現金で払う
34	pay by check	小切手で払う
35	pay by bank transfer	銀行振込で払う
36	pay cash on delivery	代金引換で払う
37	late fee	延滞料
38	transit	運送
39	packaging	包装
40	broken	壊れた
41	cracked	欠けた
42	damaged	破損した
43	flaw	欠陥

Lesson 14 病院

1 questionnaire
問診票

2 receive
受け取る

3 see a doctor
診察を受ける

4 file some documents
書類を保管する

5 waiting room
待合室

6 several magazines
数冊の雑誌

7 read a magazine
雑誌を読む

8 be worried about one's health
健康を心配する

9 rack
ラック

10 notice
気づく

11 sleep
眠る

072

date.1 　　　　／　　　　date.2 　　　　／

12 call someone
誰かを呼ぶ

13 hold a file
ファイルを持つ

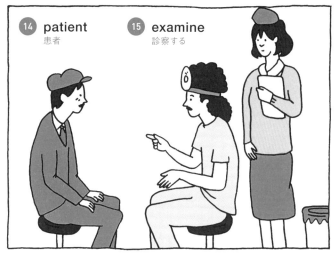

14 patient
患者

15 examine
診察する

16 many kinds of medicine
多くの種類の薬

17 in stock
在庫がある

18 be relieved
安心する

19 prescribe
処方する

20 empty out the box
箱を空にする

ドリルでトレーニング！

time limit
10 min.

score
／10

 073 ゆっくり
074 はやい

解答＆解説 ▶ 別冊 P.018

音声を聞き、次の英文の空欄に入る語句を書きこんでみましょう。

(1)　He is (　　　　　) a (　　　　　).

(2)　He (　　　　　) the (　　　　　).

(3)　She is (　　　　　) the questionnaire.

(4)　A nurse is (　　　　　) some documents.

(5)　There are (　　　　　) magazines on the (　　　　　).

(6)　She is (　　　　　) someone.

(7)　He (　　　　　) his father.

(8)　A doctor is (　　　　　) to his (　　　　　).

(9)　She is (　　　　　).

(10)　They have many (　　　　　) of medicine in (　　　　　).

書き取りトレーニング！

⏱ time limit **10** min.　📄 score ／10　🎧 **073** ゆっくり　🎧 **074** はやい

解答 & 解説 ▶ 別冊 **P.019**

音声を聞き、英文を書き取ってみましょう。
書き取る際には日本語もヒントにして考えてみてください。

(1) 彼は医者の診察を受けている。

_____

(2) 彼は問診表を書き終えた。

_____

(3) 彼女は問診表を受け取っている。

_____

(4) 看護師は書類を保管している。

_____

(5) ラックに雑誌が何冊かある。

_____

(6) 彼女は誰かを呼んでいる。

_____

(7) 彼は父親に気づいた。

_____

(8) 医者は患者と話している。

_____

(9) 彼女は安心している。

_____

(10) 多くの種類の薬が在庫にある。

_____

TOEIC レベルにチャレンジ！

⏱ time limit
2 min.

📋 score
／5

解答＆解説 ▶ 別冊 P.019

TOEIC L&R テスト Part 5「短文穴埋め」形式の問題です。
それぞれの空所にもっとも適切なものを選んで、文章を完成させてください。

1. Mrs. Takei asked her husband to ------- a doctor because she was worried about his health.

(A) talk
(B) see
(C) have
(D) mark

Ⓐ Ⓑ Ⓒ Ⓓ

2. This notice is to inform first-time patients at the Kaiso Clinic that they must ------- a questionnaire about their medical status.

(A) completion
(B) complete
(C) completely
(D) completer

Ⓐ Ⓑ Ⓒ Ⓓ

3. Mr. Takei read ------ magazines from a rack in the clinic waiting room before receiving treatment.

(A) any
(B) much
(C) several
(D) every

Ⓐ Ⓑ Ⓒ Ⓓ

4. Kaiso Clinic keeps many kinds of medicine in -------, with others available at a nearby pharmacy.

(A) box
(B) delivery
(C) stock
(D) drawer

Ⓐ Ⓑ Ⓒ Ⓓ

5. Mr. Takei ------- when Nurse Yamaguchi finally called him while holding a file with his medical documents.

(A) relieve
(B) is relieving
(C) was relieved
(D) to relieve

Ⓐ Ⓑ Ⓒ Ⓓ

職業に関する重要単語

職業に関する重要単語をまとめておきましょう。
やや難しい単語もありますが、知っておくとたいへん役立ちます。

□ 医療

1	physician	内科医
2	surgeon	外科医
3	dentist	歯科医
4	ophthalmologist	眼科医
5	ENT(ear, nose, throat)	耳鼻咽喉科医
6	dermatologist	皮膚科医
7	veterinarian	獣医
8	nurse	看護師
9	pharmacist	薬剤師

□ 研究

10	chemist	化学者
11	scientist	科学者
12	historian	歴史学者

□ 法律関係

13	lawyer	弁護士
14	judge	裁判官
15	accountant	会計士

□ 接客・サービス

16	travel agent	旅行代理店
17	tour guide	ツアーガイド
18	flight attendant	客室乗務員
19	concierge	コンシェルジュ
20	housekeeping staff	客室係
21	clerk	販売員
22	librarian	図書館員
23	security guard	警備員

□ 芸能・芸術

24	journalist	ジャーナリスト
25	announcer	アナウンサー
26	novelist	小説家
27	architect	建築家
28	photographer	写真家
29	painter	画家
30	dancer	ダンサー
31	choreographer	振付師
32	singer	歌手
33	actor	俳優
34	actress	女優

□ 技術

35	electrician	電気技術者
36	plumber	配管工
37	firefighter	消防士

lesson 15 商店街

① boutique
洋服屋

② appliance store
電気屋

③ pharmacy
薬屋

④ bank
銀行

⑤ grocery store
食料品店

⑥ stationery store
文具店

076

date.1 ／ date.2 ／

7 try on
試着する

8 microwave oven
電子レンジ

9 on sale
セール中

10 post office
郵便局

11 give directions
道を教える

12 ask the way
道を尋ねる

13 withdraw money
お金を引き出す

14 call in
呼び込む

15 store shelf
商品棚

16 vegetable
野菜

17 shopkeeper
店員

18 customer
客

19 stop by
立ち寄る

20 fold a flyer
チラシを折りたたむ

Lesson 15

商店街

| ドリルでトレーニング！ | time limit 10 min. | score / 9 | 077 ゆっくり 078 はやい |

解答＆解説 ▶ 別冊 P.020

音声を聞き、次の英文の空欄に入る語句を書きこんでみましょう。

(1) She is (　　　　　) (　　　　　　) a skirt.

(2) A (　　　　　) oven is on (　　　　　).

(3) She is (　　　　　) him (　　　　　).

(4) He is asking the (　　　　　) to the (　　　　　) office.

(5) She is (　　　　　) by a (　　　　　) store.

(6) She is (　　　　　) some (　　　　　).

(7) He is (　　　　　) in (　　　　　).

(8) There are a lot of (　　　　　) on the store (　　　　　).

(9) A (　　　　　) is (　　　　　) a flyer.

書き取りトレーニング！

⏱ time limit **10** min.　　≣ score ___/9　　🎧 **077** ゆっくり　🎧 **078** はやい

解答＆解説 ▶ 別冊 P.020

音声を聞き、英文を書き取ってみましょう。
書き取る際には日本語もヒントにして考えてみてください。

(1) 彼女はスカートを試着している。

_____

(2) 電子レンジが安売りになっている。

_____

(3) 彼女は彼に道を教えている。

_____

(4) 彼は郵便局へ行く道を尋ねている。

_____

(5) 彼女は食料品店に立ち寄っている。

_____

(6) 彼女はお金を引き出している。

_____

(7) 彼は客を呼び込んでいる。

_____

(8) 店の棚に野菜がたくさんある。

_____

(9) 店員はチラシを折りたたんでいる。

_____

TOEIC レベルにチャレンジ！

解答＆解説 ▶ 別冊 P.020

TOEIC L&R テスト Part 1「写真描写問題」形式の問題です。
下にある写真について 4 つの英文が読まれます。
その中で、写真を正しく描写しているものを選んでください。

1.　🎧 079

Ⓐ Ⓑ Ⓒ Ⓓ

2.　🎧 080

Ⓐ Ⓑ Ⓒ Ⓓ

会社・仕事で使われる重要単語②

🎧 081

会社・仕事で使われる重要単語をまとめておきましょう。
日常生活で使われる単語もあります。しっかり覚えましょう。

☐ 職場生活

1	accommodate	収容する
2	add	加える
3	assume	推測する
4	clarify	明確にする
5	compromise	妥協する
6	consult	相談する
7	contradict	矛盾する
8	dedicate	捧げる
9	depend on	頼る
10	distribute	分配する
11	implement	実施する
12	infer	推測する
13	initiate	始める
14	launch	始める
15	offer	申し出る
16	operate	作動する
17	predict	予測する
18	recognize	認識する
19	describe	述べる
20	remark	述べる
21	mention	述べる
22	renew	更新する
23	report	報告する

24	schedule	予定する
25	reschedule	再設定する
26	undergo	経験する
27	expect	期待する
28	provide	与える
29	book	予約する
30	reserve	予約する
31	suspect	疑う
32	do paperwork	書類仕事をする
33	pick out	選び出す
34	sort	仕分けする
35	staple	ホチキス止めをする
36	relocate	移転する
37	encourage	奨励する
38	cancel	中止する
39	postpone	延期する

☐ 金融関係

40	interest	利子
41	mortgage	住宅ローン
42	currency	通貨
43	funds	資金
44	credit	クレジット
45	outstanding	未払いの（負債）

Lesson 16 海辺

1 **get better**
回復する

2 **play games**
ゲームをする

3 **enjoy**
楽しむ

4 **go out**
出かける

date.1 ／ date.2 ／

5 ship
船

6 be out to sea
海に出ている

7 dock
船着場

8 boat
ボート

9 float on the water
水面に浮かぶ

10 take a dog for a walk
犬の散歩をする

11 run along the beach
砂浜を走る

12 walk along
the shore
岸辺を歩く

13 get exercise
運動する

lesson 16 海辺

date.1　　／
date.2　　／

14 **take a picture**
写真を撮る

ドリルでトレーニング！

⏱ time limit
10 min.

📋 score
／9

🎧 083 ゆっくり
🎧 084 はやい

解答＆解説 ▶ 別冊 P.021

音声を聞き、次の英文の空欄に入る語句を書きこんでみましょう。

(1) They are walking（　　　　　）the（　　　　　）.

(2) He is（　　　　　）（　　　　　）now.

(3) She is（　　　　　）a basket.

(4) He（　　　　　）playing a game.

(5) He is（　　　　　）（　　　　　）.

(6) A ship is（　　　　　）to（　　　　　）.

(7) A man is（　　　　　）a（　　　　　）.

(8) A boy is（　　　　　）his dog for a（　　　　　）.

(9) A dog is running（　　　　　）the（　　　　　）.

PART

1

シチュエーション別に覚える重要単語＆熟語

lesson 16

海辺

書き取りトレーニング！

time limit
10 min.

score
/9

083 ゆっくり
084 はやい

解答＆解説 ▶ 別冊 P.021

音声を聞き、英文を書き取ってみましょう。
書き取る際には日本語もヒントにして考えてみてください。

(1)　彼らは岸辺を歩いている。

_____

(2)　彼は今、回復しつつある。

_____

(3)　彼女はかごを持っている。

_____

(4)　彼はゲームを楽しんでいる。

_____

(5)　彼は運動している。

_____

(6)　船は海に出ている。

_____

(7)　男性は写真を撮っている。

_____

(8)　少年は犬の散歩をしている。

_____

(9)　犬は砂浜を走っている。

_____

TOEIC レベルにチャレンジ！

解答&解説 ▶ 別冊 P.021

score

/2

TOEIC L&R テスト Part 1「写真描写問題」形式の問題です。
下にある写真について **4** つの英文が読まれます。
その中で、写真を正しく描写しているものを選んでください。

1. 🎧 085

Ⓐ Ⓑ Ⓒ Ⓓ

2. 🎧 086

Ⓐ Ⓑ Ⓒ Ⓓ

PART

1

シチュエーション別に覚える重要単語＆熟語

lesson 16

海辺

PART 2

ジャンル別に覚える
重要単語&熟語

このパートでは、「感情」「動作」「金銭」などジャンル別に、
TOEIC L&Rテストによく出る単語&熟語を紹介します。
このパートでも、それぞれの表現についてイメージしやすく、
記憶に残るように随所にイラストをちりばめています。
言い換え表現についてもできるだけ掲載しましたので、
あわせておさえておきましょう。

CONTENTS

Lesson 17 「感情」を表す重要表現

date.1 ____/____   date.2 ____/____

① be surprised
おどろく

② be fascinated
魅了される

③ be willing to
喜んで〜する

④ be impressed by
〜に感銘をうける

⑤ be interested in
〜に興味がある

⑥ be eager to
〜を熱心にする

⑦ thank
感謝する

⑧ be worried that
心配である

⑨ feel disappointed (=feel unhappy)
がっかりする

✳ その他の重要表現

⑩ That's very kind of you.(=Thank you very much.) ——————————— ありがとうございます
⑪ be grateful ———————————————————————————— 感謝する
⑫ be delighted to(=be glad to) ————————————————— 〜してうれしい
⑬ be pleased to ——————————————————————————— 〜してうれしい
⑭ be excited about ————————————————————————— 〜に興奮する
⑮ be satisfied with ————————————————————————— 〜に満足する
⑯ be sure that ———————————————————————————— 〜と確信している

ドリルでトレーニング！

time limit
10 min.

score
／10

♪ 088 ゆっくり
♪ 089 はやい

解答＆解説 ▶ 別冊 P.022

音声を聞き、次の英文の空欄に入る語句を書きこんでみましょう。

(1) I have (　　　　　) (　　　　　) (　　　　　) purchasing a new computer.

(2) I (　　　　　) (　　　　　) (　　　　　) try it out.

(3) They (　　　　　) (　　　　　) (　　　　　) hear the news.

(4) I (　　　　　) (　　　　　).

(5) We (　　　　　) (　　　　　) that he is working too hard.

(6) I (　　　　　) (　　　　　) that you understand my situation.

(7) You (　　　　　) (　　　　　) (　　　　　) (　　　　　) the product.

(8) (　　　　　) (　　　　　) (　　　　　) your quick response.

(9) We (　　　　　) (　　　　　) (　　　　　) help you.

(10) I would (　　　　　) (　　　　　) (　　　　　) receive a refund.

書き取りトレーニング！

解答＆解説 ▶ 別冊 P.022

time limit
10 min.

score
/10

088 ゆっくり
089 はやい

音声を聞き、英文を書き取ってみましょう。
書き取る際には日本語もヒントにして考えてみてください。

(1) 新しいコンピューターを購入することに興味があります。

(2) 私は試してみようと熱心に思っていた。

(3) 彼らはその知らせを聞いて驚いた。

(4) 私はがっかりしました。

(5) 私たちは彼が働き過ぎだと心配している。

(6) 私はあなたが私の状況を理解していると確信している。

(7) あなたはこの製品に満足していない。

(8) 私はあなたの素早い反応に感銘をうけた。

(9) 私たちは喜んであなたを助けます。

(10) 返金していただければ幸いです。

TOEIC レベルにチャレンジ！

⏱ time limit 　　📋 score

3 min.　　/3

解答＆解説 ▶ 別冊 P.022

次の E メール（e-mail）を読んで、１〜３の問題を解いてみましょう。

To:	customer.service @ TYelectronics.com
From:	l.chan @ hati.ne.cn
Date:	Monday, January 20
Re:	Your Product

I have been interested in purchasing a voice recorder to help me study, so I was excited about the GX Voice Recorder released by TY Electronics. Impressed by its many functions, I bought the product last week.

I was eager to try it out. However, when I did, I was surprised to discover that it only let me record up to 30 minutes. I felt disappointed because this is too short to record lectures.

I tried to return it to the store, but they were not willing to let me do so. I am sure that you understand my situation. I am not satisfied with the product, and I'd be grateful to receive a refund based on your money-back guarantee.

Thank you for your help,
Lorleen Chan

1. When did Ms. Chan buy the product ?

(A) In the spring
(B) In the summer
(C) In the autumn
(D) In the winter

3. What does Ms. Chan want the company to do ?

(A) Exchange the product
(B) Give her money back
(C) Send her an apology letter
(D) Return her membership card

2. Why is Ms. Chan unhappy ?

(A) A device is not suitable for her use.
(B) A product is not functioning properly.
(C) An item has not been delivered on time.
(D) A machine was too expensive to buy.

1. Ⓐ Ⓑ Ⓒ Ⓓ
2. Ⓐ Ⓑ Ⓒ Ⓓ
3. Ⓐ Ⓑ Ⓒ Ⓓ

Lesson **18** 「動作」を表す重要表現

🎧 090

① set up(=organize)
組み立てる

② whisk(=mix)
混ぜる

③ inquire(=ask)
尋ねる

④ attempt(=try)
試みる

⑤ install
取り付ける

⑥ announce(=notify)
知らせる

集合!!

⑦ display(=exhibit)
展示する

**⑧ choose
(=select)**
選ぶ

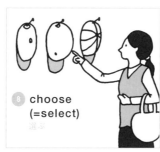

⑨ help(=support)
手伝う

✳ その他の重要表現

⑩ cancel .... やめる

⑪ attach(=add, enclose) .... 添付する

⑫ accept(=receive) .... 受け入れる

⑬ require(=need) .... 必要とする

⑭ adjust(=adapt) .... 調整する

⑮ give advice .... 助言する

ドリルでトレーニング！

time limit
10 min.

score
/10

091 ゆっくり
092 はやい

解答&解説 ▶ 別冊 P.023

音声を聞き、次の英文の空欄に入る語句を書きこんでみましょう。

(1) We are (　　　　　) (　　　　　　　) a competition.

(2) The products will (　　　　　) (　　　　　　　) in the cafeteria.

(3) He can (　　　　　　) the (　　　　　　).

(4) You should (　　　　　) more (　　　　　　) in this room.

(5) I would like to (　　　　　) (　　　　　　) the train schedule.

(6) I (　　　　　) a (　　　　　　) from him.

(7) Please (　　　　　) the (　　　　　　) to an e-mail.

(8) They (　　　　　) the (　　　　　　) yesterday.

(9) We will (　　　　　) you as soon as possible.

(10) We (　　　　　) a lot of (　　　　　　) about the (　　　　　　).

書き取りトレーニング！

⏱ time limit　📝 score　🎧 091 ゆっくり　🎧 092 はやい
10 min.　　　／10

解答＆解説 ▶ 別冊 P.023

音声を聞き、英文を書き取ってみましょう。
書き取る際には日本語もヒントにして考えてみてください。

(1) 私たちはコンテストを企画している。

_____

(2) この製品は食堂に展示される予定だ。

_____

(3) 彼はその機械を調整できる。

_____

(4) あなたはこの部屋にもっと多くの照明を取り付けるべきだ。

_____

(5) 私は電車の発着時刻について尋ねたい。

_____

(6) 私は彼からの手紙を受け取った。

_____

(7) Eメールにそのファイルを添付してください。

_____

(8) 昨日彼らは会議を中止した。

_____

(9) 私たちはできるだけ早くあなたにお知らせします。

_____

(10) 私たちはその製品について多くの情報が必要だ。

_____

TOEIC レベルにチャレンジ！

time limit
3 min.

score
/3

解答＆解説 ▶ 別冊 P.024

次の社内メモ（memo）を読んで、1 ～ 3 の問題を解いてみましょう。

MEMO

From: Miranda Hugh, Manager
To: All JACK Records employees
Date: June 1
Re: Company logo competition

This is to notify that we are setting up a competition to choose the new company logo. The designs will be displayed in the cafeteria from June 7 to June 14. I'd like to emphasize that it's important for all staff to visit the cafeteria and cast a vote. In order to facilitate your participation, the cafeteria will be open until six instead of the usual five during this period. Also, we need help adjusting the furniture and installing more lights in the cafeteria to prepare for the event. Please come and talk to me if you can help.
If you'd like to inquire about the selection process, please contact Jason Collins in HR.

1. What is the purpose of the memo ?

(A) To announce a contest
(B) To reschedule a meeting
(C) To promote a product
(D) To advertise a restaurant

2. What is NOT indicated about the cafeteria ?

(A) The furniture needs to be moved.
(B) The opening hours will be extended.
(C) The menu will be changed.
(D) More lights will be put in.

3. Who should an employee speak with to volunteer for help ?

(A) Jason Collins
(B) The manager
(C) A fellow staff member
(D) The designer

1. Ⓐ Ⓑ Ⓒ Ⓓ
2. Ⓐ Ⓑ Ⓒ Ⓓ
3. Ⓐ Ⓑ Ⓒ Ⓓ

lesson 19 「ビジネス」に関する重要表現①

🎧 093

① take on(=accept)
引き受ける

② forward(=send)
転送する

③ update(=modernize)
更新する

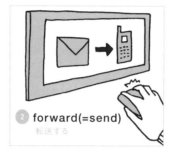 

④ found(=establish)
設立する

⑤ recruit(=hire, employ)
採用する

⑥ summarize
要約する

⑦ modify(=change)
修正する

⑧ show
(=demonstrate)
見せる

⑨ arrange(=schedule)
取り決める

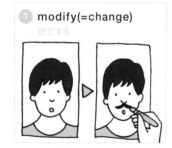  

✳ その他の重要表現

⑩ correspond with 〜 ———— 〜と連絡する
⑪ answer inquiries ———— 問い合わせに答える
⑫ meet with ———— 〜と面会する
⑬ edit ———— 編集する
⑭ investigate ———— 調査する
⑮ make an appointment ———— 予約する
⑯ go to a conference(=attend a conference) ———— 会議に出席する
⑰ offer ———— 申し出る、提供する
⑱ advertize ———— 広告する
⑲ continue(=last) ———— 続く

ドリルでトレーニング！

⏱ time limit
10 min.

📝 score
／10

🎧 094 ゆっくり
🎧 095 はやい

解答＆解説 ▶ 別冊 P.025

音声を聞き、次の英文の空欄に入る語句を書きこんでみましょう。

(1) You should ( ) ( ) in advance.

(2) Please ( ) ( ) to the following address.

(3) Will you ( ) this ( ) ?

(4) They had to ( ) the ( ).

(5) I ( ) a ( ) with Mr. Tanaka for next Monday.

(6) They ( ) new ( ) ( ) at a low price.

(7) The company ( ) their ( ) once a month.

(8) He will ( ) ( ) a difficult ( ).

(9) Our company will ( ) thirty ( ) next year.

(10) They ( ) their ( ) fifteen years ago.

書き取りトレーニング！

解答＆解説 ▶ 別冊 P.025

音声を聞き、英文を書き取ってみましょう。
書き取る際には日本語もヒントにして考えてみてください。

(1)　あなたは前もって予約をとるべきだ。

(2)　次の住所に申込用紙をお送りください。

(3)　この記事を要約してくれますか。

(4)　彼らはこの文書を修正しなくてはならなかった。

(5)　私は来週の月曜日に田中さんと打ち合わせを設定した。

(6)　彼らは新しい携帯電話を低価格で提供している。

(7)　その会社は月に１回ソフトウェアを更新する。

(8)　彼は難しい仕事を引き受けるだろう。

(9)　当社は来年 30 名雇う予定だ。

(10)　彼らは 15 年前に会社を設立した。

TOEIC レベルにチャレンジ！

time limit

3 min.

score

/3

解答＆解説 ▶ 別冊 P.025

次の広告（advertisement）を読んで、１〜３の問題を解いてみましょう。

Roxon Academy

25 Ingrid St. Boston, MA 20178
1-888-555-1123
www.rxacademy.com

Business Courses

Courses for new recruits and veteran employees who want to take on more assignments or update office skills ——
Free textbook if you apply now ! (This offer will run until May 31)

June 15: How to make appointments – 10:00 A.M.
June 16: How to answer and forward calls – 8:00 P.M.
June 17: How to summarize and modify business reports – 8:00 P.M.
June 18: How to show products effectively – 7:30 P.M.

After the course the instructor will meet with you individually to present a certificate of attendance.

Courses taught by: Dr. Jane Holland (founder of Roxon Academy)
Textbook: Business 101 - written and edited by Roxon Academy

*Our website is being updated to include a new online application system.
For now, please apply by phone, e-mail or in person.

1. When can people learn to schedule meetings ?

(A) On June 15
(B) On June 16
(C) On June 17
(D) On June 18

2. What will happen at the end of the class ?

(A) A congratulatory dinner will be held.
(B) A business meeting will take place.
(C) A document will be given to attendants.
(D) Some textbooks will be sold to students.

3. In what way are readers NOT instructed to apply ?

(A) By coming in person
(B) By using a website
(C) By sending an e-mail
(D) By making a call

1. Ⓐ Ⓑ Ⓒ Ⓓ
2. Ⓐ Ⓑ Ⓒ Ⓓ
3. Ⓐ Ⓑ Ⓒ Ⓓ

Lesson 20 「ビジネス」に関する重要表現②

🎧 096

date.1 ___/___ date.2 ___/___

① **health assessment (=health checkup)**
健康診断

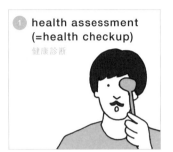
② **annual leave (=annual vacation)**
年次休暇

③ **paid sick leave**
有給病気休暇

④ **proficiency(=skill)**
習熟

⑤ **product development**
製品開発

⑥ **rules and regulations**
規則

⑦ **business expansion strategy**
事業拡張戦略

⑧ **inventory management**
在庫管理

⑨ **safety standard**
安全基準

✳ その他の重要表現

⑩ employment ──────────────────── 雇用
⑪ product(=merchandise) ──────────────── 製品
⑫ service ──────────────── 業務、サービス
⑬ conversation(=chat, dialogue) ──────────── 会話
⑭ annual report ──────────────── 年次報告書
⑮ job opening ──────────────── 就職口
⑯ exclusive rights ──────────────── 独占権
⑰ hiring policy ──────────────── 雇用方針
⑱ paid vacation ──────────────── 有給休暇
⑲ benefits ──────────────── 福利厚生

ドリルでトレーニング！

⏱ time limit
10 min.

📋 score
　/10

🎧 097 ゆっくり
🎧 098 はやい

解答＆解説 ▶ 別冊 P.026

音声を聞き、次の英文の空欄に入る語句を書き込んでみましょう。

(1) All companies should（　　　　　）the highest（　　　　　）（　　　　　）.

(2) She has a lot of knowledge about（　　　　　）（　　　　　）.

(3) He is（　　　　　）（　　　　　）（　　　　　）inventory management.

(4) （　　　　　）in English is（　　　　　）.

(5) Every staff member has a（　　　　　）（　　　　　）once a year.

(6) You have five days of（　　　　　）（　　　　　）（　　　　　）.

(7) Please explain the（　　　　　）and（　　　　　）.

(8) They are discussing an（　　　　　）（　　　　　）.

(9) Please（　　　　　）（　　　　　）the（　　　　　）report by tomorrow.

(10) The company wants to（　　　　　）its（　　　　　）of foreigners.

| 書き取りトレーニング！ | ⏱ time limit
10 min. | 📄 score
／10 | 🎧 097 ゆっくり
🎧 098 はやい | |

解答＆解説 ▶ 別冊 P.026

音声を聞き、英文を書き取ってみましょう。
書き取る際には日本語もヒントにして考えてみてください。

(1) すべての会社が高い安全基準を満たすべきだ。

_____

(2) 彼女は製品開発について多くの知識がある。

_____

(3) 彼は在庫管理の責任者だ。

_____

(4) 英語の能力が要求される。

_____

(5) 社員は全員、年1回の健康診断を受ける。

_____

(6) あなたは有給病気休暇が5日ある。

_____

(7) 規則について説明してください。

_____

(8) 彼らは拡張戦略について議論している。

_____

(9) 明日までに年次報告書を提出してください。

_____

(10) この会社は外国人雇用を増やしたいと思っている。

_____

次の掲示（notice）を読んで、1～3の問題を解いてみましょう。

Job Posting

JYT Co. is dedicated to creating innovative electronic products that meet the highest safety standards. In line with our business expansion strategy, there will be job openings in the areas of product development and inventory management.

Candidates must have a bachelor's degree or above and must have at least three-year work experience. Proficiency in computer programming is also required.

You will be entitled to yearly health assessments and annual leave (including paid sick leave) in accordance with company rules and regulations. Salaries will be based on experience.

All inquiries regarding employment should be sent to info@jyt.com.

1. What kind of company is JYT Co. ?

(A) A manufacturing company
(B) A news reporting agency
(C) A financial consultation group
(D) An academic institution

2. What is NOT included in the job requirements ?

(A) Computer skills
(B) Educational degree
(C) Language proficiency
(D) Job experience

3. What is indicated about employee benefits ?

(A) Employees can get health checkups.
(B) Employees are allowed one month of vacation.
(C) Employees may use company cars.
(D) Employees will get a raise each year.

1. Ⓐ Ⓑ Ⓒ Ⓓ
2. Ⓐ Ⓑ Ⓒ Ⓓ
3. Ⓐ Ⓑ Ⓒ Ⓓ

lesson 21 「ビジネス」に関する重要表現③

🎧 099

date.1 ／ date.2 ／

1 the head
(=supervisor)
長

2 specialist
(=expert)
専門家

3 be aware that
〜に気づく

4 supply department
備品課

5 human resources
人事

6 labor
(=worker)
労働者

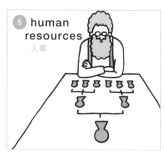

7 corporate headquarters
本社

8 sales division
営業部

9 public relations
広報

✳ その他の重要表現

10 staff(=employee) --- 社員
11 be eligible for --- 〜の資格がある
12 be qualified for --- 〜に適任である
13 awards committee --- 表彰委員会
14 purchasing department --- 購買部

解答＆解説 ▶ 別冊 P.028

音声を聞き、次の英文の空欄に入る語句を書きこんでみましょう。

(1) She (　　　　　　) to the corporate (　　　　　　　) in New York.

(2) The (　　　　　　) will be (　　　　　　) by specialists.

(3) Two staff members in the (　　　　　　) (　　　　　　) department do the (　　　　　).

(4) They will (　　　　　) (　　　　　) (　　　　　) activities this year.

(5) I want to work in the (　　　　　) (　　　　　).

(6) There were a few employees in the (　　　　　) (　　　　　).

(7) They (　　　　　) to the (　　　　　) (　　　　　).

(8) He is the (　　　　　) of our (　　　　　).

(9) (　　　　　) (　　　　　) that I'm very lucky.

(10) According to (　　　　　) (　　　　　), they can't work here.

書き取りトレーニング！	⏱ time limit 10 min.	📝 score /10	🎧 100 ゆっくり 🎧 101 はやい	

解答＆解説 ▶ 別冊 P.028

音声を聞き、英文を書き取ってみましょう。
書き取る際には日本語もヒントにして考えてみてください。

(1) 彼女はニューヨークの本社に転勤した。

_____

(2) この検査は専門家によって行われる。

_____

(3) 人事部の2人の社員が面接を行う。

_____

(4) 彼らは今年広報活動を強化する予定だ。

_____

(5) 私は営業部で働きたい。

_____

(6) 備品課には数名の社員がいる。

_____

(7) 彼らは購買部に所属している。

_____

(8) 彼はこの会社の長だ。

_____

(9) 私は自分がとても幸福だと気づいている。

_____

(10) 労働規則により彼らはここで働けない。

_____

次の告知文（announcement）を読んで、1〜3の問題を解いてみましょう。

Corporate headquarters has ordered all computers to be checked for security.
The inspection will be conducted by specialists on the following dates.

Human resources and public relations department – Monday, April 11
Sales division and supply department – Tuesday, April 12
Purchasing department– Wednesday, April 13

We're aware that our staff is busy with daily work,
but please be ready for this procedure.
Computers will be out of use during the inspection,
so I suggest you make backups of all necessary files.

Head of IT and Security, George Xhao

1. What is the main purpose of this announcement ?

(A) To announce a promotion of an employee
(B) To inform of a company outing
(C) To tell employees about a scheduled event
(D) To warn workers about a computer virus

2. The word "conducted" in paragraph 1, line 2 is closest in meaning to

(A) enforced
(B) performed
(C) considered
(D) achieved

3. What does Mr. Xhao advise the staff to do ?

(A) Turn off their computers
(B) Leave the office
(C) Consult an expert
(D) Make copies of files

1. (A) (B) (C) (D)
2. (A) (B) (C) (D)
3. (A) (B) (C) (D)

lesson 22 「金銭」に関する重要表現①

🎧 102

date.1　　　／　　　date.2　　　／

1 discount
(=deduction)
割引

2 ask ～ to reimburse
(=claim back some
expenses)
返金を要求する

3 fortune(=wealth)
財産

4 price(=cost)
値段

5 high
income
(=affluent)
高所得

6 the price is lowered
(=reduce its price)
値段が下げられる

7 complimentary(=free)
無料

8 donate(=contribute)
寄付する
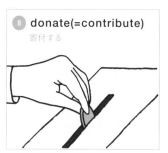

9 economical
経済的な

✳ その他の重要表現

10 pay a deposit(=pay ～ in advance) ──────── 頭金を払う
11 balance(=remainder) ───────────────── 残額
12 subsidy(=grant) ─────────────────── 補助金
13 buy(=purchase) ─────────────────── 買う
14 discount coupon(=discount certificate) ─────── 割引券
15 late payment charge(=late fee) ────────── 延滞料
16 significant increase in cost(=steep rise in cost) ── 大きな値上がり

ドリルでトレーニング！

⏱ time limit
10 min.

📄 score
/10

🎧 103 ゆっくり
🎧 104 はやい

解答＆解説 ▶ 別冊 P.029

音声を聞き、次の英文の空欄に入る語句を書き込んでみましょう。

(1) She built a (　　　　　　) through (　　　　　　) trading.

(2) We will (　　　　　) a high (　　　　　) in a few years.

(3) (　　　　　) will be (　　　　　) for two weeks.

(4) Please (　　　　　) a coupon in order to (　　　　　) the (　　　　　).

(5) All (　　　　　) applying now can enjoy a (　　　　　) breakfast.

(6) They should (　　　　　) you for all (　　　　　).

(7) He (　　　　　) a (　　　　　) every month.

(8) Please (　　　　　) your (　　　　　) at the bank.

(9) It is (　　　　　) to (　　　　　) CDs or DVDs.

(10) I was surprised to know the (　　　　　) (　　　　　) in (　　　　　).

書き取りトレーニング！

time limit
10 min.

score
/10

103 ゆっくり
104 はやい

解答&解説 ▶ 別冊 P.029

音声を聞き、英文を書き取ってみましょう。
書き取る際には日本語もヒントにして考えてみてください。

(1) 彼女は株取引で富を築いた。

(2) 私たちは数年後、高所得を得るだろう。

(3) ２週間、値段が下がる予定だ。

(4) 割引を受けるために割引券を提示してください。

(5) 今申し込んだお客様は全員無料の朝食をお楽しみいただけます。

(6) 彼らは経費すべてについてあなたに弁償するべきだ。

(7) 彼は毎月寄付をしている。

(8) 銀行の残高を確認してください。

(9) CD や DVD を借りるのは経済的だ。

(10) 値段がかなり上がっているのを知って、私はおどろいた。

解答＆解説 ▶ 別冊 P.030

次の広告（advertisement）を読んで、1〜3の問題を解いてみましょう。

10% Discount
on all Bathmaster Tubs

You don't need a fortune or even a high income to buy a luxury bathtub! Bathmaster is cutting 10% off all whirlpool tub prices. Prices will be lowered for 7 days only, so hurry! To receive the discount, simply present the discount coupon to the cashier. You'll also save 30% on installation fees if you buy now. PLUS, don't forget to ask for your complimentary bath pillow. If you're not happy with the product, ask your local Bathmaster store to reimburse you within one month. It's that easy!

We're not only an economical choice, but we're also an ecological one! For every $100 of purchase, Bathmaster will make a donation of $5 to the Save Forest Foundation.

1. How long will the offer last?

(A) A day
(B) A week
(C) A month
(D) A year

3. According to the advertisement, why is Bathmaster an ecological choice?

(A) It uses harmless substances.
(B) It recycles all its products.
(C) It gives money to charity.
(D) It organizes cleanup events.

2. What can customers receive for free?

(A) A luxury bathtub
(B) A bath pillow
(C) Installation service
(D) A spa ticket

1. Ⓐ Ⓑ Ⓒ Ⓓ
2. Ⓐ Ⓑ Ⓒ Ⓓ
3. Ⓐ Ⓑ Ⓒ Ⓓ

Lesson 23 「金銭」に関する重要表現②

🎧 105

date.1 ／ date.2 ／

---

1 automatic withdrawal
自動引き落とし

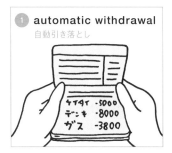

2 travel expenses
出張経費

3 admission fee
入場料

4 half-off
半額の

5 financial result
業績

6 price list
価格表

7 account balance
預金残高

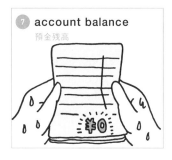

8 extra charge
追加料金

9 shipping rate
配送料

✳ その他の重要表現

10 budget proposal —————————————————— 予算案
11 accounting office ————————————————— 会計事務所
12 sales figure ————————————————————— 売上高
13 what's the price of(=how much)〜? ————— いくらですか？
14 accounting procedure —————————————— 経理手続き
15 raise prices ——————————————————— 値上げする
16 expense report ————————————————— 経費報告書
17 salary raise ——————————————————————— 昇給
18 fund-raising —————————————————————— 資金集め

ドリルでトレーニング！

⏱ time limit

10 min.

📋 score

／9

🎧 106 ゆっくり
🎧 107 はやい

解答＆解説 ▶ 別冊 P.030

音声を聞き、次の英文の空欄に入る語句を書きこんでみましょう。

(1) We recommend you (　　　　　　) an (　　　　　　) (　　　　　　).

(2) He is concentrating on making the (　　　　　　) (　　　　　　).

(3) I will do a travel (　　　　　　) (　　　　　　) after I come back.

(4) They (　　　　　　) the (　　　　　　) of gas.

(5) Workers asked for a (　　　　　　) (　　　　　　).

(6) We (　　　　　　) a (　　　　　　) campaign.

(7) Is there an (　　　　　　) (　　　　　　) for delivery?

(8) (　　　　　　) (　　　　　　) vary depending on the area.

(9) They sell the vintage wine at (　　　　　　) (　　　　　　) the original price.

PART

2

ジャンル別に覚える重要単語＆熟語

Lesson 23 「金銭」に関する重要表現②

書き取りトレーニング！

解答&解説 ▶ 別冊 P.031

音声を聞き、英文を書き取ってみましょう。
書き取る際には日本語もヒントにして考えてみてください。

(1)　自動引き落としをおすすめします。

_____

(2)　彼は予算案をつくるのに集中している。

_____

(3)　私は帰ったら出張経費を報告する。

_____

(4)　彼らはガソリンの値段を上げた。

_____

(5)　従業員たちは昇給を求めた。

_____

(6)　私たちは募金運動を開始した。

_____

(7)　配送には別料金がかかりますか。

_____

(8)　発送費は地域によって変わる。

_____

(9)　彼らは高級ワインを元値の半分で売る。

_____

次の手紙（letter）を読んで、1～3の問題を解いてみましょう。

Ms. Anita Gonzalez
Anita Wedding Services
256 Hops Street
Parola, 2678
7 August

Dear Ms. Anita Gonzalez,

We could not make an automatic withdrawal of your travel expenses because the account balance was insufficient. Please contact us by August 15 regarding this matter.

The total cost of your trip including train tickets, 2 nights at Hotel Varsa, extra charges for shipping luggage, and WP Expo entrance fee is $570. Enclosed are the price list for the hotel and luggage shipping rates.

Please note that the WP Expo's free admission policy was ended two years ago due to financial reasons. This year, they raised their price to $50 per person, but you get a half off discount since you are a member of the Wedding Planner Association.

Sincerely,

Mikael Ray

Mikael Ray

---

1. Who most likely is Anita Gonzalez ?

(A) A wedding planner
(B) A bride to be
(C) A travel agent
(D) An accountant

2. Why did Mikael Ray send Anita Gonzalez the letter ?

(A) To complain about a product
(B) To discuss a payment issue
(C) To promote a travel package
(D) To request an invoice

3. What is NOT included in the travel costs ?

(A) accommodation
(B) transportation
(C) airplane tickets
(D) luggage shipment

1. Ⓐ Ⓑ Ⓒ Ⓓ
2. Ⓐ Ⓑ Ⓒ Ⓓ
3. Ⓐ Ⓑ Ⓒ Ⓓ

Lesson 24 「数量」を表す重要表現

108

date.1 ／ date.2 ／

1 quite a few
かなり

2 twice as many as 〜
2倍の〜

3 a number of(=lots of)
多くの〜

4 storage capacity
記憶容量

5 a couple of(=a few)
2、3の

6 more
より多くの

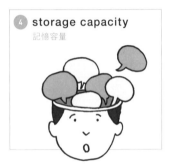

7 at least
少なくとも

20才だろ〜

8 less than
〜より少なく

9 at the most
せいぜい

30才だろ〜

✳ その他の重要表現

10 a series of ------------------------------ いくつかの〜
11 up to ------------------------------ (最大)〜まで
12 a lot of 〜(=lots of 〜) ------------------------------ たくさんの〜
13 a pile of 〜 ------------------------------ たくさんの〜

ドリルでトレーニング！

time limit
10 min.

score
/ 9

109 ゆっくり
110 はやい

解答＆解説 ▶ 別冊 P.032

音声を聞き、次の英文の空欄に入る語句を書きこんでみましょう。

(1) It takes (　　　　　) (　　　　　) five minutes to install.

(2) He answered (　　　　　) (　　　　　) (　　　　　) questions about the movie.

(3) The game received (　　　　　) (　　　　　) (　　　　　) good reviews.

(4) This year I'm working (　　　　　) (　　　　　) (　　　　　) (　　　　　) last year.

(5) They won (　　　　　) (　　　　　) (　　　　　) awards.

(6) We still need to run (　　　　　) (　　　　　) (　　　　　) tests.

(7) Please drink (　　　　　) (　　　　　) three glasses of water a day.

(8) In Hong Kong we only spent $100 a day (　　　　　) (　　　　　).

(9) I want to (　　　　　) the storage (　　　　　) of this computer.

書き取りトレーニング！

⏱ time limit
10 min.

🖹 score
/9

🎧 109 ゆっくり
🎧 110 はやい

解答&解説 ▶ 別冊 P.032

音声を聞き、英文を書き取ってみましょう。
書き取る際には日本語もヒントにして考えてみてください。

(1) インストールに要する時間は5分にも満たない。

(2) 彼はその映画に関するいくつかの質問に答えた。

(3) そのゲームはかなり多くのよい評価を得た。

(4) 今年私は去年の2倍働いている。

(5) 彼らは多くの賞を受賞した。

(6) 私たちはまだ2、3のテストをする必要がある。

(7) 1日に少なくともグラス3杯の水を飲んでください。

(8) 香港で私たちはせいぜい日に100ドルしか使わなかった。

(9) 私はこのコンピューターの記憶容量を増やしたい。

TOEIC レベルにチャレンジ！

解答&解説 ▶ 別冊 P.032

次の記事（article）を読んで、1〜3の問題を解いてみましょう。

New Release by LX Studio

SEATLE (May 5)──Less than a year ago, LX Studio released *Forbidden Maps*, an RPG computer game in which the player completes a series of quests. The game became a huge commercial success, selling at least five million copies worldwide with a profit of over $20 million, the company's biggest financial result to date. The game received quite a few good reviews from gaming magazines, and won a number of awards. LX Studio announced yesterday that more gaming fun is on the way. "We will release a sequel to *Forbidden Maps* with a number of new features. Although we still need to run a couple of tests, it will be in stores by September at the latest," said Mike Fox, CEO of LX Studio. "The sequel requires computers with high storage capacity, but the graphics are superb." Analysts predict that the new game will sell twice as much as the first.

1. What is the main topic of the article ?

(A) Movies
(B) Sports
(C) Games
(D) Computers

2. What is suggested about LX Studio ?

(A) It publishes magazines once a month.
(B) It operates factories in many countries.
(C) It made a lot of money from its product.
(D) It created the fastest computer in the world.

3. What is mentioned about LX Studio's new product ?

(A) It is scheduled to be released in a few years.
(B) It is accompanied by a free graphics card.
(C) It is hoped to raise funds for the hospital.
(D) It is expected to sell more than its past product.

1. (A) (B) (C) (D)
2. (A) (B) (C) (D)
3. (A) (B) (C) (D)

lesson 25 「位置・場所」を表す重要表現

111

date.1 ／ date.2 ／

1 on the shore
岸辺に

2 against the wall
壁際に

3 over there
あそこに

4 under construction
工事中

5 on the second floor
2階に
3F KIDS
2F GAME
1F FOOD
B1F FOOD

6 along the street
通りに沿って
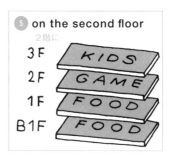

7 across from
向かい
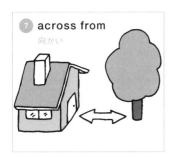

8 on the premises
敷地内に

9 be out of town
出張する

✳ その他の重要表現

10 on the ground ------------------------------------ 地面に
11 at the bottom of ------------------------------ 〜の下に
12 across the street ------------------------- 道の向こうに
13 in the bushes --------------------------- 茂みの中で
14 on board ------------------------- （乗り物に）乗って

ドリルでトレーニング！

time limit
10 min.

score
/ 8

112 ゆっくり
113 はやい

解答 & 解説 ▶ 別冊 P.033

音声を聞き、次の英文の空欄に入る語句を書きこんでみましょう。

(1) We can see the ship (　　　　　) the (　　　　　).

(2) I can hear something (　　　　　) (　　　　　).

(3) A new shopping mall is (　　　　　) (　　　　　).

(4) We were (　　　　　) (　　　　　) the street together.

(5) There is a large cafeteria (　　　　　) the (　　　　　) of the company.

(6) Our boss is now (　　　　　) (　　　　　) (　　　　　) on business.

(7) All the passengers got (　　　　　) (　　　　　) a plane.

(8) We are (　　　　　) the eighth (　　　　　) now.

書き取りトレーニング！

time limit
10 min.

score
／8

112 ゆっくり
113 はやい

解答＆解説 ▶ 別冊 P.033

音声を聞き、英文を書き取ってみましょう。
書き取る際には日本語もヒントにして考えてみてください。

(1) 岸辺から船が見える。

_____

(2) 向こうから何かが聞こえる。

_____

(3) 新しいショッピングモールが建設中だ。

_____

(4) 私たちは一緒に通りに沿って歩いていた。

_____

(5) その会社の敷地内には大きな食堂がある。

_____

(6) 私たちの上司は今、出張中です。

_____

(7) すべての乗客が飛行機に搭乗した。

_____

(8) 私たちは今8階にいます。

_____

解答&解説 ▶ 別冊 P.034

次の旅行レビュー（**travel review**）を読んで、1～3の問題を解いてみましょう。

travel reviews   Search

REVIEWS   HOME   INQUIRIES   ACCESS

Sawyer's Hotel is a stylish hotel on the shore of Lake Harmony, next to Harmony Church. It's just a little way outside town, but there is a swimming beach right in front of the hotel, making it ideal for couples and families. On the second floor of the hotel, across from the business service center, there is a French restaurant called "Le Mange". It has lots of good wines in stock, and is tastefully decorated with modern paintings on the walls, and candles placed in a row on the shelves against the back wall. The hotel also has a fitness facility on the premises if you want to work out. For shoppers, there's a shopping area 20 minutes away from the hotel, at the foot of Harmony Hill. Over there, you'll find boutiques along the street, and a new shopping mall is under construction.

1. According to the review, why is the hotel perfect for couples and families ?

(A) Because it has a modern interior
(B) Because it is built next to a church
(C) Because it has many restaurants
(D) Because it is close to a beach

2. Which hotel facility is NOT mentioned in the review ?

(A) A French eatery
(B) A pool
(C) An exercise gym
(D) A business service center

3. What is suggested about the shopping area ?

(A) It will have more stores.
(B) It is right by the hotel.
(C) It is very popular.
(D) It has buses that go there.

1. Ⓐ Ⓑ Ⓒ Ⓓ
2. Ⓐ Ⓑ Ⓒ Ⓓ
3. Ⓐ Ⓑ Ⓒ Ⓓ

26 「時間」を表す重要表現

🎧 114

date.1 ／ date.2 ／

❶ duration
(=period)
期間

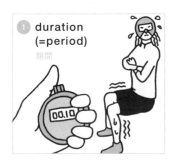

❷ in advance
(=beforehand)
前もって

❸ time constraints
時間の制約

❹ single-day
日帰りの

❺ full-day
全日の

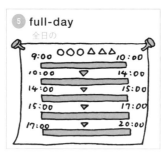

❻ on vacation
休暇で

❼ state-of-the-art
最新式の

❽ on time
時間通り

❾ in time
間に合う

✳ その他の重要表現

❿	past(=previous)	以前の	⓳	quite a while	しばらくの間
⓫	current(=recent)	最近の	⓴	at all times	いつも
⓬	quickly(=fast)	素早く	㉑	at the earliest	早くとも
⓭	before(=previously)	以前は	㉒	preparation time	準備時間
⓮	timeline (=schedule, timetable)	年表	㉓	in an hour	1時間後に
⓯	right away(=immediately)	すぐに	㉔	on the weekend	週末に
⓰	these days(=recently)	最近	㉕	in the afternoon	午後に
⓱	as soon as	～したらすぐに	㉖	over the past ten years	過去10年にわたって
⓲	no later than	（遅くとも）～までに			

ドリルでトレーニング！

time limit
10 min.

score
/10

115 ゆっくり
116 はやい

解答 & 解説 ▶ 別冊 P.035

音声を聞き、次の英文の空欄に入る語句を書き込んでみましょう。

(1) They were (　　　　　) (　　　　　　　　　) in France last month.

(2) We took a (　　　　　) (　　　　　　　) of Sydney.

(3) We have a (　　　　　) (　　　　　　　) in the (　　　　　　　).

(4) He should leave home (　　　　　) (　　　　　).

(5) The conference finished (　　　　　) (　　　　　).

(6) I bought the concert ticket (　　　　　) (　　　　　).

(7) They invented a (　　　　　　) security system.

(8) He arrived there just (　　　　　) (　　　　　).

(9) We didn't see him for (　　　　　) (　　　　　) (　　　　　).

(10) (　　　　　) (　　　　　) lots of teenagers have their own smart phones.

書き取りトレーニング！

time limit
10 min.

score
/10

115 ゆっくり
116 はやい

解答＆解説 ▶ 別冊 P.035

音声を聞き、英文を書き取ってみましょう。
書き取る際には日本語もヒントにして考えてみてください。

⑴　彼らは先月休暇でフランスにいた。

_____

⑵　私たちはシドニーの日帰り観光ツアーに参加した。

_____

⑶　私たちは午後に月例会議がある。

_____

⑷　彼は直ちに家を出るべきだ。

_____

⑸　その会議は時間通りに終わった。

_____

⑹　私は前もってそのコンサートチケットを買った。

_____

⑺　彼らは最新式のセキュリティーシステムを開発した。

_____

⑻　彼は時間ぎりぎりにそこに着いた。

_____

⑼　私たちはずいぶんの間、彼に会わなかった。

_____

⑽　最近 10 代の若者の多くが自分のスマートフォンを持っている。

_____

次の E メール（e-mail）を読んで、1〜3 の問題を解いてみましょう。

To:	Michelle Trueman<mtrueman @ activetour.com>
From:	Kay Fox<kfox @ gax.com>
Date:	December 1
Subject:	Day tour in Rome

While on vacation in Italy, I took your single-day tour of Rome.

Over the past few years, I have visited Rome many times, but I had been looking forward to taking this full-day tour for quite a while, because it included a visit to the 17th century *Palazzo Barberini* palace.

However, when we arrived in the afternoon, the guide told us right away that we'd be leaving in an hour. Due to the time constraints, we had to leave quickly, almost as soon as we finished touring the first floor to be on time.

If I had known in advance the duration of the visit to the palace, I wouldn't have joined the tour. Later, I read in a guidebook that these days, the palace is extremely crowded at all times, so I think you need to make a new assessment of your tour schedule.

Sincerely,
Kay Fox

1. Why was Mr. Fox in Rome ?

(A) He was attending a wedding.
(B) He was on a business trip.
(C) He was on holiday.
(D) He was looking for a house.

2. Why did Mr. Fox participate in the tour ?

(A) He had never been in Rome.
(B) He wanted to see a historical site.
(C) He received an advertisement.
(D) He is interested in Italian cuisine.

3. What does Mr. Fox suggest the company do ?

(A) Reconsider the tour itinerary
(B) Include more options in the tour
(C) Dispatch more tour guides
(D) Reevaluate the tour budget

1. Ⓐ Ⓑ Ⓒ Ⓓ
2. Ⓐ Ⓑ Ⓒ Ⓓ
3. Ⓐ Ⓑ Ⓒ Ⓓ

1. Any employees who have signed up can ------- in the dinner party next Friday.

(A) enter
(B) participate
(C) enjoy
(D) hold   Ⓐ Ⓑ Ⓒ Ⓓ

2. If you want to ------- to an independent agent nearest you, just click "Find My Agent" on the menu bar.

(A) locate
(B) decide
(C) talk
(D) order   Ⓐ Ⓑ Ⓒ Ⓓ

3. The typhoon affected ------- 2 million people in China, with about 900,000 of them evacuated from their homes.

(A) as much
(B) mostly
(C) more than
(D) better than   Ⓐ Ⓑ Ⓒ Ⓓ

4. A group of volunteers founded an NPO to support the unemployed and provide them with the ------- to live.

(A) income
(B) means
(C) wage
(D) talent   Ⓐ Ⓑ Ⓒ Ⓓ

5. In an effort to reduce expenses, Whitman Film Co. has decided to halve its production ------- for the upcoming year.

(A) refunds
(B) costs
(C) rewards
(D) values   Ⓐ Ⓑ Ⓒ Ⓓ

6. Please be aware that ------- handling fees may be required for international mail orders.

(A) legal
(B) additional
(C) original
(D) current   Ⓐ Ⓑ Ⓒ Ⓓ

7. Through its globally linked network, the Hutchison Group ------- a comprehensive range of financial services.

(A) receives
(B) provides
(C) explains
(D) includes

Ⓐ Ⓑ Ⓒ Ⓓ

8. The project team will have to ------- extensive research before settling on a final plan.

(A) address
(B) accept
(C) conduct
(D) improve

Ⓐ Ⓑ Ⓒ Ⓓ

9. While most candidates ------- opportunities to meet voters, they rarely venture beyond the safety of their own communities.

(A) trust
(B) seek
(C) submit
(D) comply

Ⓐ Ⓑ Ⓒ Ⓓ

10. An R&D project of new product lineups is in ------- in order to expand to foreign markets.

(A) short
(B) progress
(C) return
(D) tune

Ⓐ Ⓑ Ⓒ Ⓓ

11. Signs have been ------- stating that the beaches are closed because of the strong winds.

(A) performed
(B) practiced
(C) proceeded
(D) posted

Ⓐ Ⓑ Ⓒ Ⓓ

12. Any employees who have worked at the company for more than three years are ------- to apply for the assistant manager position at the Newport Branch.

(A) eligible
(B) manageable
(C) affordable
(D) accessible

Ⓐ Ⓑ Ⓒ Ⓓ

13. Sales representatives are encouraged to ------- up with new ideas about advertising strategies.

(A) raise
(B) go
(C) come
(D) think

Ⓐ Ⓑ Ⓒ Ⓓ

14. One of the growing concerns for people who are worried about the earth is the ------- of our air and water.

(A) quality
(B) quantity
(C) quest
(D) questionnaire

Ⓐ Ⓑ Ⓒ Ⓓ

15. The city council announced that the reform of its health services would take ------- the following fiscal year.

(A) place
(B) occasion
(C) hold
(D) event

Ⓐ Ⓑ Ⓒ Ⓓ

16. By State Law, you need a ------- in order to purchase contact lenses.

(A) definition
(B) prescription
(C) conception
(D) motivation

Ⓐ Ⓑ Ⓒ Ⓓ

17. Cape Clothing Store will have to undergo drastic downsizing due to a long-term economic -------.

(A) downturn
(B) growth
(C) market
(D) scale

Ⓐ Ⓑ Ⓒ Ⓓ

18. Travelers can easily book ------- at the cheapest rate by using a rate comparison tool on Web sites.

(A) rewards
(B) contents
(C) accommodations
(D) destinations

Ⓐ Ⓑ Ⓒ Ⓓ

19. Purchased items can be returned to FS Interiors free of ------- if it is within two weeks of purchase.

(A) payment
(B) fee
(C) fare
(D) charge

Ⓐ Ⓑ Ⓒ Ⓓ

20. In order to ------- a group study room in the library, you need to follow the instructions in the student's guidebook.

(A) appoint
(B) contact
(C) reserve
(D) reply

Ⓐ Ⓑ Ⓒ Ⓓ

21. We must ensure we meet the ------- by sharing workloads, or we will lose our credibility since competition is becoming fierce.

(A) deadline
(B) distribution
(C) proposal
(D) cancellation

Ⓐ Ⓑ Ⓒ Ⓓ

22. Our customers can receive a ------- based on the money-back guarantee.

(A) cost
(B) refund
(C) donation
(D) balance

Ⓐ Ⓑ Ⓒ Ⓓ

23. The travel agent could not make an automatic ------- of Mr. Smith's travel expenses because the account balance was insufficient.

(A) withdrawal
(B) refusal
(C) proposal
(D) rehearsal

Ⓐ Ⓑ Ⓒ Ⓓ

24. The book became a huge commercial success, selling at ------- three million copies worldwide with a profit of over $50 million.

(A) worst
(B) less
(C) least
(D) little

Ⓐ Ⓑ Ⓒ Ⓓ

25. Diamond Hotel has a fitness facility on the ------- and the guests can work out freely.

(A) construction
(B) bottom
(C) wall
(D) premises

Ⓐ Ⓑ Ⓒ Ⓓ

26. If Mr. Kim had known the duration of the visit to National Museum in -------, he wouldn't have joined the tour.

(A) vacation
(B) advance
(C) before
(D) while

Ⓐ Ⓑ Ⓒ Ⓓ

27. The manager is going to ------- permission to recruit a new staff member at the meeting next week.

(A) make
(B) bring
(C) obtain
(D) purchase

Ⓐ Ⓑ Ⓒ Ⓓ

28. Ms. Kato pointed ------- a sharp increase in sales at their competitors for the year.

(A) on
(B) in
(C) out
(D) for

Ⓐ Ⓑ Ⓒ Ⓓ

29. The vice president and his subordinate ------- a visit to Stars Industries for the first time this year.

(A) paid
(B) went
(C) caught
(D) placed

Ⓐ Ⓑ Ⓒ Ⓓ

30. The first-time patients must ------- a questionnaire about their medical status in this clinic.

(A) categorize
(B) complete
(C) concentrate
(D) contact

Ⓐ Ⓑ Ⓒ Ⓓ

実戦模試

よく出る単語&熟語
スピードチェック

本編で紹介した単語&熟語をアルファベット順に整理し、日本語訳をつけたものです。
どれだけ単語や熟語が覚えられているかのチェックをしてみましょう。
本冊での掲載ページも表示したので、さくいんとしてもご活用いただけます。

A

スピードチェック

C

スピードチェック

D

E

スピードチェック

F

G

スピードチェック

H

I

J

L

M

N

O

スピードチェック

Q・R

S

スピードチェック

T

スピードチェック

スピードチェック

おわりに [AFTERWORD]

　　初版刊行時から本書の監修をつとめさせていただいている白野伊津夫です。
　　この『TOEIC L&R テスト書きこみノート単語＆熟語編』には TOEIC L&R テストを受験されるみなさんにぜひ身につけておいていただきたい語彙のエッセンスが凝縮されています。本書の書きこみトレーニングで覚え、実戦問題を解く中で鍛え上げた力は、みなさんが TOEIC L&R テストで目標スコアを獲得するための基礎となるだけでなく、グローバルな舞台で働く上でも必ず役立つ実践的な英語力なのです。私は大学で学生たちとともに、TOEIC の英文を素材に、読む、聞く、書く、話すトレーニングをする「TOEIC まみれ」の日々を過ごしてきました。そんな日々の末、大学を卒業し、国際的な場で今も活躍する教え子たちが口々に言うのは、「大学時代に TOEIC をやってよかった」という言葉です。教え子たちの声をすこしご紹介しましょう。

＊ 実際にお客様から質問されることが多い仕事なので、会話を一回でしっかりと聞き取る能力を身につけたことは今の仕事に非常に役立っています。富裕層のお客様に接客することが多いため、ビジネスシーンを意識した丁寧な言い方をする TOEIC の表現は現場でそのまま使える言い回しばかりです。（O さん、観光業界）

＊ apologize（謝罪する）、valuable（高価な）、upstairs（上の階の）など、私が今も日常業務で使う単語は TOEIC を勉強する中で学んだものです。Part 3 に出てくる会話のフレーズや Part 4 に出てくるアナウンスの表現は、そのまま覚えて今でも使用しています。（T さん、航空業界）

＊ TOEIC の会話の設定はとても実践的だと言えます。Part 3 では 2 人か 3 人の会話が出題されますが、実際に仕事をしていると 3 人以上で話す機会はとても多く、まるで Part 3 を解いているかのような状況になります。（K さん、語学学校勤務）

＊ TOEIC の傾向を研究し対策をたて何度も問題を解くうちに、文中の単語や熟語を覚えるだけでなく日常会話や仕事中の会話の中で自然と使えるようになりとても役立ちました。また応用していろいろな会話で使えるようになると会話のバリエーションや言い回しの種類が増え、自分の伝えたい事が相手に伝わりやすくなりました。（S さん、航空会社）

　　次はみなさんの出番です。本書がみなさんの TOEIC L&R テストのスコアアップに役立ち、また世界に羽ばたくための英語力を身につけるきっかけとなれば幸いです。

2023 年 9 月
白野伊津夫

■読者アンケートご協力のお願い

Webから応募できます！

ご協力いただいた方のなかから抽選
でギフト券 (500円分) をプレゼント
させていただきます。

アンケート番号： | 305798

※アンケートは予告なく終了する場合がございます。あらかじめご了承ください。

編集スタッフ [STAFF]

ブックデザイン	ナカムラグラフ
	(中村圭介、野澤香枝、鈴木茉弓)
イラストレーション	加納徳博
編集協力	佐野美穂、高木直子、渡辺泰葉、
	株式会社 CPI Japan、
	株式会社メディアビーコン
英文校閲	Scott Spears、Kathryn A. Craft
ナレーション	Chris Koprowski、
	RuthAnn Morizumi、横山明日香
ミュージック	明石隼汰
音源制作協力	株式会社メディアスタイリスト
データ作成	株式会社四国写研
印刷所	株式会社リーブルテック

本書は2012年に弊社より刊行した『TOEICテスト書きこみ
ノート単語＆熟語編』および2016年に弊社より刊行された
『TOEICテスト書きこみノート単語＆熟語編　新形式に対
応！』に加筆・修正を加えてリニューアルしたものです。

TOEIC®L&Rテスト
書きこみノート
単語＆熟語編

BASIC ENGLISH VOCABULARY EXERCISE TO IMPROVE YOUR TOEIC® L&R TEST SCORE

解答 & 解説編

answer & explanation

Gakken

Lesson 01 家／寝室

ドリルでトレーニング！ 問題 ▶ 本冊 P.013

✻ 答え

- (1) closed
- (2) hanging
- (3) pillow
- (4) bed
- (5) stacked
- (6) taking, sweater
- (7) cat, bed
- (8) piece
- (9) out

書き取りトレーニング！ 問題 ▶ 本冊 P.014

✻ 答え

- (1) The window is closed.
- (2) The clock is hanging on the wall.
- (3) There is a pillow on the bed.
- (4) The bed is made.
- (5) The sheets are stacked on the floor.
- (6) A man is taking off his sweater.
- (7) A cat is lying on the bed.
- (8) A piece of paper is on the desk.
- (9) She is going out of the room.

TOEIC レベルにチャレンジ！ 問題 ▶ 本冊 P.015

✻ 答え

1. (C) **2.** (A)

✻ 解き方

1. 写真では、一人の女性が絵を見ていることに注目。(A)と(B)は主語が「彼女」で写真と一致しているように見えるが、見ているものと立っている場所が違うので不正解。(D)の主語の複数の鞄は、この写真の中に写っていないので不正解。残る選択肢(C)が正解。Items「もの」という主語は、ものであれば何でも当てはまる。

2. 写真では、複数の女性が店から出て行こうとしている。選択肢はどれも「彼女たち」が主語なので、注意するのは主語の次にくる動詞。動詞はそれぞれ(A)「出て行く」、(B)「閉める」、(C)「置く」、(D)「脱ぐ」なので、写真の様子を正確に描写しているのは(A)。

✻ ボキャブラリー

☐ outside：外で ☐ item：もの ☐ lying ＜ lie：横たわる ☐ sign：標識、看板

✻ スクリプトと日本語訳

1. (A) She's looking at the clock.
   (B) She's standing outside.
   (C) Items are hanging on the wall.
   (D) Bags are lying on the floor.
   (A) 彼女は時計を見ている。
   (B) 彼女は外に立っている。
   (C) ものが壁にかかっている。
   (D) 鞄が床に置いてある。
2. (A) They're going out of the shop.
   (B) They're closing the window.
   (C) They're putting signs on the doors.
   (D) They're taking off their sweaters.
   (A) 彼女たちは店の外に出ている。
   (B) 彼女たちは窓を閉めている。
   (C) 彼女たちは扉に看板をつけている。
   (D) 彼女たちはセーターを脱いでいる。

解答＆解説

Lesson 02 家／リビング

✳ 答え

1. (C) **2.** (C)

ドリルでトレーニング！ 問題 ▶ 本冊 P.018

✳ 答え

(1) turning
(2) weather, forecast
(3) meal
(4) serving
(5) seated, dining
(6) flowers, vase
(7) sleeping, sofa
(8) covered
(9) pile, bookshelf

✳ 解き方

1. 写真では、一人の女性が食事をしている様子に注目。どの選択肢も「彼女」が主語なので、注意するのは主語の次にくる動詞。動詞はそれぞれ(A)「掃除する」、(B)「座る」、(C)「食事をとる」、(D)「食事を出す」なので、正解は(C)。(B)も「座る」という動作は写真の様子にあてはまるが、文後半の「車」が間違い。消去法を使うのも正解を選ぶコツ。

2. 写真に「人」が写っていない場合には、写真内の「もの」をくまなくチェックする。主語が決め手になることが多いので、各選択肢の冒頭を聞き逃さないことが大切。(A)「花」、(B)「皿」、(C)「商品」、(D)「品物」で、正解である可能性があるのは(C)と(D)に絞れる。ただし(D)は最後に「本棚」が出てくるが、写真は屋外で本棚は見当たらないので不正解だとわかる。よって正解は(C)。

書き取りトレーニング！ 問題 ▶ 本冊 P.019

✳ 答え

(1) He is turning on the TV.
(2) He wants to watch the weather forecast.
(3) One of them is having a meal.
(4) She is serving the food.
(5) They are seated at the dining table.
(6) The flowers are in the vase.
(7) A cat is sleeping on the sofa.
(8) The boxes are covered with a cloth.
(9) The boxes are in a pile in front of the bookshelf.

✳ ボキャブラリー

☐ dining table：食卓　☐ serve：料理を出す
☐ customer：客　☐ products：商品

✳ スクリプトと日本語訳

1. (A) She's cleaning the dining table.
　　(B) She's seated in a car.
　　(C) She's having a meal.
　　(D) She's serving some customers.
　　(A) 彼女は食卓を掃除している。
　　(B) 彼女は車の中で座っている。
　　(C) 彼女は食事をしている。
　　(D) 彼女は客に料理を出している。
2. (A) The flowers are against the wall.
　　(B) Dishes are stacked up.
　　(C) Products are in a pile.
　　(D) Goods are in front of the bookshelf.
　　(A) 花が壁に立てかけられている。
　　(B) 皿が積み重ねられている。
　　(C) 商品が山積みにされている。
　　(D) 品物が本棚の前にある。

PART1_ シチュエーション別に覚える重要単語＆熟語

Lesson 03 家／キッチン

ドリルでトレーニング！ 問題 ▶ 本冊 P.023

✳ 答え

(1) open
(2) glasses, cupboard
(3) empty
(4) full, fruit
(5) drinking, water
(6) washing, dishes
(7) running
(8) out, refrigerator
(9) garbage, cans

書き取りトレーニング！ 問題 ▶ 本冊 P.024

✳ 答え

(1) The window is open.
(2) There are many glasses in the cupboard.
(3) The bottle is empty.
(4) A basket is full of fruit.
(5) A man is drinking a glass of water.
(6) She is washing the dishes.
(7) The water is running.
(8) He is taking something out of the refrigerator.
(9) There are some garbage cans.

TOEIC レベルにチャレンジ！ 問題 ▶ 本冊 P.025

✳ 答え

1. (A) **2.** (B) **3.** (B) **4.** (C) **5.** (B)

✳ 解き方

1.「～がありますか」という質問には Yes / No で答

えるのが基本。よって正解は(A)。(B)の there や theft、(C)の glass など本文にある単語と同じ単語、本文にある単語を連想させるような単語、発音が似た単語は、ひっかけである可能性が高い。質問文の冒頭をしっかり聞いて、どんな質問かを特定させるのがポイント。

2. 事実を述べた文への応答をする問題。事実を述べた文に対しては、同意・質問・依頼などで応答することが多い。命令文で依頼を表している(B)が正解。(A)は時間を答えており、(C)は Yes と答えた後に道順を説明しているが、いずれも会話の流れに合わない。

3. 質問文冒頭の Where「どこで」をしっかり聞きとることがポイント。「場所」について答えているのは(B)だけ。(A)は冒頭で「はい」、(C)は「働いている」と言っているところがそれぞれ誤り。

4. Could you / Would you / Can you / Will you ～？で始まる依頼文へは、その依頼を承諾するか、断るかのどちらかで応答するのが典型パターン。この問題では No problem.「いいですよ」と承諾をしている(C)が正解。(A)はどの単語も質問文と無関係で、(B)は時間を述べているので会話の流れに合わない。

5. 質問文は助動詞 will の否定形 won't で始まる疑問文（否定形で始まる疑問文は「否定疑問文」などと呼ばれることもある）。「～しないのですか」という質問に対しては、Yes / No あるいは、それをしない理由で応答するのが典型パターン。今回は理由だけを述べている(B)が正解。(B)の one は代名詞で water を言い換えている。このように英語では同じ単語を何度も使わず、類義語や代名詞に置き換えることがほとんど。(A)は冒頭 Yes までは答え方としてあり得る。その後の「授業」が質問文の「学校」から連想できる単語になっているが、ひっかけ。(C)も同様に「教師」がひっかけになっている。

解答＆解説

✳ ボキャブラリー

□ bottle：瓶　□ almost：ほとんど　□ empty：空っぽ　□ theft：泥棒　□ until：～まで　□ reach up：手を伸ばす　□ turn left：左に曲がる　□ move：動く　□ accounting：会計、経理　□ officer：役人、警官　□ rate：評価する　□ highly：非常に、高く　□ problem：問題　□ class：授業　□ interesting：興味深い　□ already：すでに　□ favorite：最も好

きな

1. Is there any milk left in this bottle ?
  (A) No, it's almost empty.
  (B) There's no theft at this hotel.
  (C) Thanks, I'll have a glass.
このボトルの中に牛乳は残っていますか。
  (A) いいえ、ほとんど空です。
  (B) このホテルには泥棒はいません。
  (C) ありがとう、グラスを持ってきます。

2. Someone left the cupboard open.
  (A) Until 9:00 P.M. on weeknights.
  (B) Just reach up to close it, please.
  (C) Yes, turn left and go three blocks.
誰かが食器棚を開けたままにしました。
  (A) 平日の夜 9 時までです。
  (B) ちょっと手を伸ばして閉めてくれますか。
  (C) はい、左に曲がって 3 ブロック先に行ってください。

3. Where is the basket full of fruit that I saw on the counter ?
  (A) Yes, all 12 of them.
  (B) Jenny moved it to the dining room.
  (C) I've worked in accounting for a long time.
カウンターで見た果物でいっぱいのかごはどこですか。
  (A) はい、12 個全部です。
  (B) ジェニーがダイニングルームに持っていったよ。
  (C) 長い間、私は経理で働いている。

4. Could you take that fish out of the refrigerator ?
  (A) The official rated it highly.
  (B) About 7 hours.
  (C) No problem.
冷蔵庫からあの魚をとってくださいますか。
  (A) その役人はそれを高く評価しました。
  (B) 約 7 時間です。
  (C) いいですよ。

5. Won't you drink a glass of water before you go to school ?
  (A) Yes, the class is very interesting.
  (B) I already had one.
  (C) She's my favorite teacher.
学校に行く前に水を一杯飲まないの。
  (A) はい、その授業はとても興味深いです。
  (B) もう飲みました。
  (C) 彼女は私が一番好きな先生です。

PART1_ シチュエーション別に覚える重要単語＆熟語

Lesson 04 家／玄関・庭

ドリルでトレーニング！   問題 ▶ 本冊 P.027

＊ 答え

  (1) wearing
  (2) leaving
  (3) carrying
  (4) waving
  (5) putting, on
  (6) walking, around
  (7) planted, garden
  (8) leaning, against

書き取りトレーニング！   問題 ▶ 本冊 P.028

＊ 答え

  (1) He is wearing a jacket.
  (2) He is leaving for the station.
  (3) He is carrying his bag.
  (4) She is waving her hand.
  (5) He is putting on his shoes.
  (6) A cat is walking around.
  (7) The flowers are planted in the garden.
  (8) A ladder is leaning against the wall.

TOEIC レベルにチャレンジ！   問題 ▶ 本冊 P.029

＊ 答え

  1. (C) 2. (A) 3. (C) 4. (B) 5. (B)

✴ 解き方

1. 「これから～する」という文へは、「いってらっしゃい」というようなあいさつや、「～ですか」という確認の表現で応答することが多い。この問題では、確認をしている(C)が正解。質問文と同じ現在進行形を(C)で使っているのも正解の決め手となる。「いつの話をしているのか」を意識して、動詞の時制に気を配れるようになると、正解率も上がる。時制という観点で選択肢を見返すと、(A)は未来を表す表現、(B)は過去形なので不正解。

2. 「～したほうがいいですよ」という文に対しては、同意する文、理由をたずねる文、あるいは反対意見を述べる文などで応答するのが典型パターン。今回の問題では同意を表す(A)が正解。(B)も冒頭の Sure で同意を表しているが、その後の内容が最初の文と無関係。(C)は依頼をしているので、最初の文と流れが合わない。

3. Are you / Is he ～ ? など be 動詞で始まる疑問文には Yes / No で答えるのが典型的な流れ。その点から正解は(C)。他の選択肢は時制と主語が合わない。(A)は主語 they が何を指しているのか不明だし、(B)は動詞 went が過去形なので、現在進行形を使っている質問文とは合わない。

4. 質問文冒頭の Why「なぜ」を聞き取れたかがカギ。理由を聞いているので、(A)のような Yes / No はすぐに消える。(C)は一見理由を表しているように見えるが、最後の「古い旗」が質問文と無関係。(B)は質問文の that bag を it に言い換えていて、関連性が見える。正解は(B)。ちなみに、Why 問題に対する選択肢に Because から始まる文がくるのはまれで、Because などを置かずに、すぐに理由を述べることが多い。

5. 冒頭 Who「だれ」に対しては、人の名前や役職などを答えるのが典型的なパターン。よって正解は(B)。質問文冒頭の疑問詞(Who, Why, When, Where など)はあっという間に読まれてしまうので、聞き取る準備をして問題に臨むことが肝心。疑問詞が聞き取れなければ、他の部分が聞き取れたとしても正解を選べなくなってしまう。

✴ ボキャブラリー

□ certainly：確かに □ receive：受け取る
□ warm：暖かい □ should：～すべき □ put on：着る □ garden：庭 □ idea：考え □ pay：支払う □ turn off：消す □ let：～させる □ get

mad：怒る □ not ～ at all：全く～ない □ once：1度 □ twice：2度 □ a few：少数の □ won't（will not の省略形）：～しないつもりである
□ seed：種 □ plant：植物 □ sort：種類
□ flag：旗 □ wave：振る □ friendly：親切に
□ neighbor：近所 □ play：演奏する

✴ スクリプトと日本語訳

1. I'm leaving for the office now.
　(A) I certainly will.
　(B) I received all of them this morning.
　(C) Are you wearing a warm jacket ?
今から会社に向かって出発します。
　(A) 確実にそうします。
　(B) 今朝全部受け取りました。
　(C) 暖かいジャケットを着ていますか。

2. You should put on boots if you're going to work in the garden.
　(A) That's a good idea.
　(B) Sure, pay for the suit with a card.
　(C) And then turn it off, please.
庭で作業をするなら長靴を履いた方がいいですよ。
　(A) それはいい考えですね。
　(B) いいですよ、このスーツはカードで払います。
　(C) それからそれを消してください。

3. Are you going to let that ladder lean against the wall ?
　(A) They aren't getting mad at all.
　(B) I went there once or twice.
　(C) Yes, but only for a few minutes.
そのはしごを壁に立てかけようとしているのですか。
　(A) 彼らはまったく怒っていません。
　(B) 私はそこに1度か2度行きました。
　(C) はい、でもほんの数分の間です。

4. Why are you walking around holding that bag ?
　(A) No, I won't.
　(B) It's full of seeds that I'm going to plant.
　(C) We have all sorts of old flags.
あの袋を持ってなぜ歩き回っているのですか。
　(A) いいえ、そうするつもりはありません。
　(B) それは私が植えるつもりの種でいっぱいです。

(C) 私たちはあらゆる種類の昔の旗を持っています。

5. Who are you waving your hands at ?
(A) Because he's so friendly.
(B) My neighbor, Mr. Takeda.
(C) Yes, I love playing in the band.

誰に向かって手を振っているのですか。
(A) なぜなら彼はとても親切だからです。
(B) 近所の武田さんです。
(C) はい、バンドで演奏するのが大好きです。

PART1_ シチュエーション別に覚える重要単語＆熟語

05 公園・工事現場

ドリルでトレーニング！　　問題 ▶ 本冊 P.032

✲ 答え

(1) feeding
(2) listening
(3) running, street
(4) side, side.
(5) parked, vending
(6) order
(7) each, other
(8) sweeping, walkway
(9) construction, roped
(10) worker, digging

書き取りトレーニング！　　問題 ▶ 本冊 P.033

✲ 答え

(1) A woman is feeding birds.
(2) He is listening to music.
(3) A man is running down the street.
(4) Two men are walking side by side.
(5) A bike is parked next to the vending machine.
(6) The machine is out of order.

(7) They are talking to each other.
(8) A man is sweeping the walkway.
(9) The construction site is roped off.
(10) The worker is digging a hole at a construction site.

TOEIC レベルにチャレンジ！　　問題 ▶ 本冊 P.034

✲ 答え

1. (D) **2.** (A)

✲ 解き方

1. 写真には複数の人物や様々なものが写っている。こうした写真問題の場合には、様々な人やものが選択肢の主語になることが予想される。〈be 動詞＋〜ing〉が聞こえた場合は主に人の動作を指し、〈be 動詞＋過去分詞〉が聞こえた場合はものの状態を表していることが多い。(A)と(B)は主語が「彼ら」で人についての文だが、動詞が写真の状況と一致していない。(C)も人を表す文だが、最後の「歩道の上にいる」という部分が間違い。よって正解は(D)。人ではなく、自転車に注目した文。

2. 写真の中に複数の人が写っていて、それぞれが別々の動作をしている場合には、どちらか一方の動作が正解になる場合が多い。その場合は主語の形に注目。正解の(A)は「人々のうち一人」という主語で文最後の動詞「掃いている」も写真の状況に当てはまる。よって(A)が正解。(B)「全ての人」、(C)「映画館」とあり、写真の状況と合わない。(D)の主語「工事現場」は写真の状況に当てはまるが、文最後の「工事現場が屋根の上」が誤り。

✲ ボキャブラリー

□ pave：舗装する　　□ rider：乗り手、運転手
□ movie theater：映画館　　□ roof：屋根

✲ スクリプトと日本語訳

1. (A) They're paving the street.
(B) They're walking side by side.
(C) All of the riders are on the sidewalk.
(D) Some of the bikes are parked.

(A) 彼らは道を舗装している。
(B) 彼らは並んで歩いている。
(C) （自転車の）乗り手たちが全員歩道にいる。
(D) 自転車が何台か停められている。

2. (A) One of the people is sweeping.
 (B) All of the people are digging holes.
 (C) The movie theater is roped off.
 (D) The construction site is on a roof.
 (A) 人々のうち一人が掃いている。
 (B) 人々が全員穴を掘っている。
 (C) 映画館にロープが張られている。
 (D) 建設現場は屋根の上だ。

PART1_ シチュエーション別に覚える重要単語＆熟語

Lesson 06 駅

ドリルでトレーニング！　問題 ▶ 本冊 P.038

✳ 答え

(1) buying
(2) getting, vehicle
(3) Commuters
(4) unloading
(5) carrying, packages
(6) taking
(7) lined, row
(8) crossing, intersection
(9) different, directions
(10) heading, subway

書き取りトレーニング！　問題 ▶ 本冊 P.039

✳ 答え

(1) A woman is buying a ticket.
(2) The people are getting in a vehicle.
(3) Commuters are going down the stairs.
(4) A man is unloading goods.
(5) He is carrying the packages.
(6) He is taking a taxi.

(7) Taxies are lined up in a row.
(8) He is crossing the intersection.
(9) They are walking in different directions.
(10) He is heading to the subway station.

TOEIC レベルにチャレンジ！　問題 ▶ 本冊 P.040

✳ 答え

1. (B)　2. (C)　3. (B)　4. (C)　5. (B)

✳ 解き方

1. 質問文冒頭 Where「どこ」がポイント。場所を伝えている応答文は(B)だけ。よって正解は(B)。(A)は Yes と答えている時点で消える。(C)は didn't と時制が過去になっているところが不自然で、内容も質問文とは無関係なので不正解。

2. 質問文が be 動詞から始まる疑問文の時でも、Yes / No で応答しない場合がある。今回の問題はそのパターン。Yes と答えた場合とほぽ同じ内容になる(C)が正解。(B)の training は、質問文にある train「電車」と似た音の単語を置くことで、質問文の最後だけしか聞けなかった人をひっかけるためのワナ。

3. Would you mind ～ ?「～しても差し支えありませんか」は丁寧に相手の許可を求める文。この質問文に対しては、No「差し支えありません」と承諾の意志を伝えるか、Sorry や I'm afraid but ～ を使って断るかのどちらか。今回の問題では断っている(B)が正解。(A)は「いつから」という質問に対する答えなので不正解。(C)は後半の「税金を払う」が質問文の内容と無関係なので不正解。

4. 〈be 動詞＋主語＋going to ～?〉は相手にこれからの予定を尋ねる疑問文。応答はもちろん未来のことになるので、未来時制になる。よって正解は(C)。(A)は時制が過去になっているので不正解。(B)は「重さ」を答えているので質問文の内容と合わない。

5. be 動詞で始まる疑問文が質問文となる典型的な問題。2.の問題と同様、Yes / No が応答文にない。今回は、相手に都合の悪い返答を丁寧に示す時に使う表現 I'm afraid ～「残念ながら～」を含む(B)が正解。(A)の主語 It が表せるのは質問

解答＆解説

文の this vehicle「乗り物」なので、後ろに「コンピューター」とあるので意味が通らない。(C)の主語は I で、質問文に you が入った Can you 〜?などの疑問文に対する答え方。

✲ ボキャブラリー

□ ticket：切符　□ express：急行　□ head：向かう
□ expect：期待する　□ busy：忙しい　□ unless：〜でない限り　□ sign up：署名する・入会する
□ train：訓練する　□ believe：信じる　□ mind：〜を気にする　□ since：〜以来　□ tax：税金
□ bury：埋める　□ total：合計で〜になる　□ take：持っていく　□ outdated：時代遅れの　□ I'm afraid 〜：残念ながら〜

✲ スクリプトと日本語訳

1. Where can I buy tickets for the next express bus ?
   (A) Yes, and I'm headed there, too.
   (B) Cross this intersection and turn right.
   (C) I didn't expect you to be so busy.
   どこで次の急行バスのチケットを買えますか。
   (A) はい、私もそこに向かっています。
   (B) この交差点を渡って右に曲がってください。
   (C) あなたがそんなに忙しいとは思っていませんでした。

2. Is everyone here lined up to get on the subway train ?
   (A) No, I'm still waiting for them.
   (B) You can sign up for training here.
   (C) I believe so.
   ここにいる人たちはみな地下鉄の電車に乗るために並んでいるのですか。
   (A) いいえ、私はまだ彼らを待っています。
   (B) あなたはここで訓練するために入会できます。
   (C) そうだと思います。

3. Would you mind taking a taxi with me into work ?
   (A) I've been here since last August.
   (B) Sorry, I'm going in a different direction.
   (C) No, I don't mind paying taxes.
   仕事に行くのに一緒にタクシーに乗っても差し支えありませんか。

   (A) 去年の 8 月からここにいます。
   (B) すみません。私は違う方向に行くのです。
   (C) いいえ、税金を払うのは気になりません。

4. Are you going to carry those goods away or unload them here ?
   (A) No, I didn't bury that old wood.
   (B) They total 4.5 kilograms.
   (C) I'll take them with me.
   これらの品物を持って行きますか、それともここで降ろしていきますか。
   (A) いいえ、その古い木材は埋めませんでした。
   (B) それらは合計 4.5 キロです。
   (C) 自分で持って行きます。

5. Is this vehicle for commuters ?
   (A) It's an outdated computer.
   (B) I'm afraid it's not.
   (C) I can't.
   この乗り物は通勤者用ですか。
   (A) それは時代遅れのコンピューターです。
   (B) 残念ながら違うと思います。
   (C) できません。

PART1_ シチュエーション別に覚える重要単語&熟語

```
Lesson 07 大学／教室
```

ドリルでトレーニング！　　　問題 ▶ 本冊 P.043

✲ 答え

(1) lecturer
(2) explaining
(3) late
(4) taking, notes
(5) falling, asleep
(6) reading
(7) listening
(8) few, classroom
(9) facing, blackboard
(10) talking, quietly

書き取りトレーニング！　　問題 ▶ 本冊 P.044

✳ 答え

(1) The lecturer is writing on the blackboard.
(2) He is explaining the question.
(3) He is late for class.
(4) He is taking notes.
(5) She is falling asleep.
(6) She is reading a textbook.
(7) She is listening to a lecture.
(8) A few students are in the classroom.
(9) A student is facing the blackboard.
(10) They are talking quietly.

TOEIC レベルにチャレンジ！　問題 ▶ 本冊 P.045

✳ 答え

1. (C)　**2.** (B)　**3.** (D)

✳ 解き方

1. 男性の最初の発言がポイント。会話文では「難しい」という単語が hard となっているが、質問文では difficult に言い換えられている。それに気づければ、何が男性にとって難しいのかがわかる。class「講義」を listen to「聞く」のが難しいと言っているので、listen to と近い意味の understand「理解する」と、class とほぼ同じ意味をもつ course が入った選択肢(C)が正解。TOEIC L&R テストの Part 2 や Part 3 では類義語同士の言い換えに気づけるかが正解のカギになるので、日ごろから類義語も意識して単語 & 熟語の勉強をしましょう。

2. 女性の最初の発言が正解へのカギ。「授業でノートをとって、家で復習する」と言っているが、選択肢では単語が言い換えられている。note が her own writing、review が go over に言い換えられている。この言い換えに気づければ、正解の(B)を選べる。

3. 男性の 2 つ目の発言がポイント。「勉強グループをつくろう」と言っているので、(D)が正解。今回

は会話文で使われている単語が選択肢でも使われているので、いくぶん解きやすい。

✳ ボキャブラリー

□ hard：難しい　□ guess：〜だと思う　□ since：〜なので　□ content：内容　□ difficult：難しい　□ carefully：注意深く　□ then：その後　□ review：見直す　□ at home：家で　□ maybe：たぶん　□ should：〜すべきだ　□ form：つくる　□ sound：〜のようだ　□ empty：空の　□ each other：お互い　□ find：見つける　□ improve：上達させる　□ understand：理解する　□ design：設計する　□ go over：見返す　□ tutor：個人指導をする　□ suggest：提案する　□ better：よりよい　□ clearly：はっきりと　□ change：変える

✳ スクリプトと日本語訳

Questions 1 through 3 refer to the following conversation.

Man : This International Business class is hard to listen to, because the lectures are in English. I guess it's easier for you, since you're Canadian.

Woman : The lesson is difficult for me. I have to take notes carefully. Then, I review them at home.

Man : Maybe we should get a few students to form a study group.

Woman : That sounds good. We could use an empty classroom, and explain ideas to each other.

問題 1-3 は次の会話に関するものです。

男性：この国際ビジネスクラスは講義が英語で行われるので聞くのが難しいです。あなたはカナダ人なので、簡単でしょう。

女性：講義は私にも難しいわよ。講義で注意深くノートを取らないといけないもの。それから家でそのノートを復習するの。

男性：もしかしたら 2、3 人の生徒を集めて勉強グループをつくるべきかもね。

女性：いいわね。空いている教室を使えるだろうから、それぞれの考えを説明するの。

1. 男性は何が難しいと言っていますか。
- (A) 適した仕事を見つける
- (B) 英語を上達させる
- (C) 講義の話を理解する
- (D) 多くのカナダ人に会う

2. 女性は家で何をしますか。
- (A) 新しい内容を組み立てる
- (B) 自分の書いたものを見返す
- (C) 講義のレビューをダウンロードする
- (D) 学生の個人指導をする

3. 男性は何を提案していますか。
- (A) よりよいノートを取ること
- (B) 意見をはっきりと説明すること
- (C) 教室を変えること
- (D) グループをつくること

PART1_ シチュエーション別に覚える重要単語＆熟語

Lesson 08 大学／実験室

ドリルでトレーニング！ 問題 ▶ 本冊 P.047

✳ 答え

- (1) cabinet, locked
- (2) using, scale
- (3) completed, task
- (4) cleaning
- (5) busy, preparing, experiment
- (6) instruments, placed
- (7) professor, answering
- (8) asking, questions
- (9) into, microscope

書き取りトレーニング！ 問題 ▶ 本冊 P.048

✳ 答え

- (1) The cabinet is locked.
- (2) He is using a scale.
- (3) They completed the task.
- (4) She is cleaning the table.
- (5) He is busy preparing for the experiment.

- (6) Many instruments are placed on the table.
- (7) The professor is answering the question.
- (8) The students are asking some questions.
- (9) He is looking into a microscope.

TOEIC レベルにチャレンジ！ 問題 ▶ 本冊 P.049

✳ 答え

1. (D)　**2.** (D)　**3.** (C)

✳ 解き方

1. 話者たちがだれであるかを問う問題は TOEIC L&R テストの Part 2 の 1 問目によく出る。正解のカギは最初の発言。「実験クラス」とあることから、話者は学生であることがわかる。よって正解は(D)。他の発言からも正解を導くキーワードは拾える。しかし、他の問題にも解答しなければならないことを考えると、早い段階でこうしたこの問題への手がかりはつかんでしまっておきたい。

2. 男性と女性に関する質問。これも最初の 2 人のやりとりに正解へのカギがある。2 人が共通して使っている単語は list「リスト」で、リストされていたのは E メールだと男性が最初に言っている。よって正解は(D)。このように最初の数秒間の会話に複数の問題の解答のカギがあることも多い。会話の冒頭をしっかり聞くことはスコアアップする上でとても大切なことだと言える。

3. 男性の最後の発言に注目。3 問目は後半の発言に解答のポイントがあることが多い。今回は会話文で使われていた単語 using lab equipment がほぼそのまま入っている(C)が正解。

✳ ボキャブラリー

□ laboratory：実験の　□ list：記載する　□ as：〜として　□ biology：生物学　□ be used to 〜ing：〜に慣れる　□ experiment：実験　□ experience：経験する；経験　□ lab：実験　□ sometimes：ときどき　□ most likely：たいがい　□ salesperson：営業担当者　□ repair：修理　□ receive：受け取る　□ grade：成績

✳ スクリプトと日本語訳

Questions 1 through 3 refer to the following conversation.

Woman : Hi, I'm Sandy Jolsen. The laboratory class e-mail listed me as your partner.

Man : Yes, I also got that list. I'm Gaku Toiku. Do you know a lot about biology ?

Woman : I know a little. I'm used to looking into microscopes, using scales and preparing basic experiments.

Man : I've had a little experience using lab equipment. Since we're not experts, we may have to ask the professor a lot of questions sometimes.

問題 1-3 は次の会話に関するものです。

女性：こんにちは。私はサンディー・ジョルセンです。実験クラスのメールに、私はあなたのパートナーだと載っていました。

男性：はい、私もそのリストをもらいました。僕は戸育学といいます。生物学についてはよく知っていますか。

女性：少しだけです。顕微鏡をのぞいたり、はかりを使ったり、基本的な実験の準備をするのには慣れています。

男性：実験の器具を使った経験が少しあります。僕たちは専門家ではないので、ときどき教授にたくさん質問しなくてはならないかもしれませんね。

1. 話者たちはおそらく誰ですか。
　(A) 会社の社員
　(B) 営業担当者
　(C) 修理担当者
　(D) 大学生

2. 男性と女性はすでに何を受け取りましたか。
　(A) 生物学の本
　(B) 授業の成績
　(C) ソフトウェア
　(D) E メール

3. 男性は何を経験したことがあると言っていますか。
　(A) 顕微鏡を売ること
　(B) 実験の準備をすること
　(C) 器具を使うこと
　(D) 専門家を助けること

PART1_ シチュエーション別に覚える重要単語&熟語

09 会社／エントランス

Lesson

ドリルでトレーニング！　　　　　問題 ▶ 本冊 P.052

✳ 答え

(1) for, trading
(2) showing, identification
(3) reception
(4) receptionist, taking
(5) greeting
(6) confirming
(7) made, appointment
(8) waiting, lobby
(9) shaking, hands
(10) up, escalator

書き取りトレーニング！　　　　　問題 ▶ 本冊 P.053

✳ 答え

(1) He works for a trading company.
(2) He is showing his identification card.
(3) They are at the reception desk.
(4) A receptionist is taking a message.
(5) She is greeting visitors.
(6) She is confirming the guest list.
(7) He made an appointment.
(8) A man is waiting for someone in the lobby.
(9) They are shaking hands.
(10) A woman is going up the escalator.

解答&解説

✳ 答え

> **1.** (B)　**2.** (B)　**3.** (C)

✳ 解き方

1. 主旨を聞く問題は TOEIC L&R テストの Part 3 や Part 4 の 1 問目でよく出題される。解答の決め手はやはり説明文の冒頭。今回は留守番電話なので、まず話者が名前や会社名を名乗ったあと、電話をかけた理由を述べている。「違う場所にいるかもしれない」と言っているので、電話の話し手は場所について確認したいのだとわかる。よって正解は(B)。その後の文にも、今いる場所などについての説明があるので、全体を聞いてからでも答えられる。しかし、できるだけ冒頭に集中して、早い段階で解答してしまうほうが、次の問題に集中できてよい。

2. 出来事を説明するときに過去→現在→未来の時系列で説明するのが英語のひとつの特徴。今いる場所は、中盤の I'm calling という現在進行形の文で説明されている。よって正解は(B)。(C)の the escalator は正解の根拠となる文のすぐ後に出てきた単語なのでまぎらわしいが、質問内容を吟味して、ひっかからないように注意しよう。

3. 「何をするように言われているか」という依頼の内容を確認する問題。これもよく出題される。質問文の Ms. Collins は、Mr. Toiku が電話をかけている相手で、発言の中では you と呼ばれる。何かを依頼する場合は、please ～ や Could you ～ ? などの表現が使われる。そして依頼したいことは話の最後に言うことが多い。発言の後半に「電話かメールをしてください」という依頼がされている。よって正解は(C)。日本語では「メール」というが、英語で mail は「郵便物」のことなので注意。パソコンからのメールは e-mail、携帯電話からのメールは text を使うこともおさえておこう。

✳ ボキャブラリー

□ trading company：商社、貿易会社　□ wrong：違う　□ see：見る、会う　□ call：電話する
□ stand：立つ　□ next to：～の隣に　□ across from：～の向かいの　□ complex：総合ビル
□ make a mistake：間違える　□ let 人 ～：人に～させる　□ text：携帯電話でメールを送る
□ voicemail：留守番電話のメッセージ　□ cancel：取り消す　□ reservation：予約　□ location：場所
□ purchase：購入物　□ update：更新する
□ account：銀行口座　□ department：課
□ make an appointment：会う約束をする
□ wait：待つ

✳ スクリプトと日本語訳

Questions 1 through 3 refer to the following voicemail message.
Ms. Collins, it's Ichiro Toiku, from Remarke Trading Company. I may be in the wrong area. I had a confirmed appointment to see you this morning at 9:45 A.M. It's 10:00 A.M. now. I'm calling you from your building lobby. I'm standing next to the reception desk across from the escalator. I know this office complex has three towers. I'm in Tower One. If I've made a mistake, please let me know. Please call or text me at 212-967-0100. Thanks a lot.

問題 1-3 は次の留守番電話のメッセージに関するものです。
コリンズさん、リマーク商事の戸育一郎です。もしかしたら、違うところにいるかもしれません。今朝 9 時 45 分にお会いするお約束でした。今 10 時です。コリンズさんがいらっしゃる建物のロビーから電話をしています。エスカレーターの向かいの受付デスクの隣に立っています。この総合ビルは 3 つの建物があるのは知っています。私はタワー 1 にいます。もし私が間違えていましたら、ご連絡ください。212-967-0100 まで電話かメールをください。ありがとうございます。

1. この留守番電話の主な目的は何ですか。
　(A)　予約を取り消す
　(B)　場所を確認する
　(C)　購入品について尋ねる
　(D)　口座情報を更新する
2. 戸育さんはどこから電話をしていますか。
　(A)　通商部
　(B)　ロビー
　(C)　エスカレーター

(D) 会社の机

3. コリンズさんは何をするように頼まれていますか。

(A) 日程を変える

(B) 約束をする

(C) メールを送る

(D) 数分待つ

PART1_ シチュエーション別に覚える重要単語＆熟語

Lesson 10 会社／オフィス

ドリルでトレーニング！ 　問題 ▶ 本冊 P.058

✳ 答え

(1) making, photocopies
(2) taking, break
(3) doing, paperwork
(4) sales, representatives
(5) concentrating, drawing
(6) feeling, exhausted
(7) placing, order
(8) approving
(9) applicant, handing
(10) conducting, interview

書き取りトレーニング！ 　問題 ▶ 本冊 P.059

✳ 答え

(1) A staff member is making some photocopies.
(2) She is taking a break.
(3) She is doing some paperwork.
(4) Some sales representatives are away from their desks.
(5) He is concentrating on drawing up a document.
(6) He is feeling exhausted.
(7) She is placing an order.
(8) The boss is approving the request.
(9) An applicant is handing in his résumé.

(10) A representative of the personnel department is conducting an interview.

TOEIC レベルにチャレンジ！ 　問題 ▶ 本冊 P.060

✳ 答え

1. (A)　**2.** (D)　**3.** (B)　**4.** (B)　**5.** (C)

✳ 解き方

1. 語彙に関する問題。空欄直後の permission と一緒に用いることができるのは obtain。よって正解は(A)。選択肢にはないが、obtain の同義語である get でも OK。

2. 語彙に関する問題。空欄直後の前置詞 on がポイント。on を後ろに置いて「集中する」という意味を表すのは(D)concentrate。空欄の後ろはもちろんだが、カンマまでの前半の文もざっと理解しておくと、正解が選びやすくなる。

3. 文法に関する問題。空欄直後に関係代名詞 who が続いている。関係代名詞の直前には、先行詞となる名詞を置く。who は人を表す名詞を先行詞にとるので、選択肢の中から人を表す名詞を探す。正解は(B)applicant。選択肢の単語の形が似ている場合、解答の決め手になるのは、各単語の語尾。語尾の形と品詞の関係をおさえていれば、このタイプの問題は解きやすくなる。-ly が語尾にあるときは副詞、語尾が -ment や -tion のときは名詞というように、少しずつ単語と語尾の関係についての知識も増やしてみよう。

4. 語彙に関する問題。空欄直後にある exhaused の意味がわかるかどうかがポイント。「疲れ切る」という気持ちを表す表現なので、相性がいいのは(B)feel。

5. 語彙に関する問題。空欄の直前に ambitious という形容詞がある。「壮大な」という意味がわかればヒントになるが、ポイントは動詞の has drawn up「作成する」。この動詞の目的語として後ろに置くことができる名詞の(C)project が正解。

✳ ボキャブラリー

□ hire：雇う　□ another：別の　□ concern：〜と関係がある、心配する　□ assistant：助手

□ close：閉める、契約が成立する　□ deals：契約
□ develop：開発する　□ qualified：資格のある
□ applicator：塗布器　□ apply：応募する、塗る
□ from time to time：時々　□ sense：感知する、
わかる　□ ambitious：野心のある、壮大な
□ draw up：文書作成をする、立案する　□ at
least：少なくとも　□ situation：状況

✳ **問題英文と日本語訳**

1. 次の会議で、ヤング氏は別の営業担当者を雇う許
   可を得るだろう。
   (A)　得る
   (B)　作る
   (C)　滞在する
   (D)　関係する
2. 新しい助手は営業チームのために書類作業をする
   だろうから、彼らは契約を成立させることに集中
   できる。
   (A)　開発する
   (B)　答える
   (C)　取り付ける
   (D)　集中する
3. 人事部は履歴書を出した資格のある応募者と面接
   を行うだろう。
   (A)　塗布器
   (B)　応募者
   (C)　適切に
   (D)　応募する
4. リマーク商事は全社員に疲れ切ってしまわないよ
   うに時々休憩をとることを勧めている。
   (A)　持っている
   (B)　感じる
   (C)　来る
   (D)　気づく
5. バイロン氏は、少なくとも5人の新しい顧客が彼
   の会社に発注させるための壮大な計画を練ってい
   る。
   (A)　状況
   (B)　ニュース
   (C)　計画
   (D)　段階

Lesson **11** 会社／会議室①

ドリルでトレーニング！ 問題 ▶ 本冊 P.064

✳ **答え**

(1)　pointing , mistake
(2)　sales, increasing
(3)　delivering
(4)　adjusting
(5)　summarizing
(6)　examining, document
(7)　attending
(8)　verifying
(9)　stepping, conference
(10)　stuck, traffic

書き取りトレーニング！ 問題 ▶ 本冊 P.065

✳ **答え**

(1)　She is pointing out the mistake.
(2)　The sales are increasing.
(3)　He is delivering a presentation.
(4)　He is adjusting a projector.
(5)　He is summarizing the
      presentation.
(6)　She is examining the document.
(7)　They are attending the meeting.
(8)　He is verifying the data.
(9)　He is stepping into the
      conference room.
(10)　He was stuck in traffic.

TOEIC レベルにチャレンジ！ 問題 ▶ 本冊 P.066

✳ **答え**

1. (B)　**2.** (A)　**3.** (D)　**4.** (C)　**5.** (B)

✳ 解き方

1. 語彙に関する問題。空欄直後の presentations と相性のよい単語を探す。組み合わせて「プレゼンテーションをする」という意味になる⒝deliver が正解。

2. 語彙に関する問題。空欄直前の point と組み合わせられる単語は⒜out。point 自体に「指し示す」という意味があるが、後ろに out を置くと「指摘する」という意味になる。out は「外で」という意味があるが、今回のように複数あるものの中から何かを際立たせる意味合いをもち、動詞とともに用いられて熟語をつくる副詞。このほかに、stand out「立つ」＋「外」＝「目立つ」などがある。

3. 語彙に関する問題。空欄直後の business performance「業績」がポイント。主語の「管理部門と運用部門の社員」がすることを考えると、正解は⒟examine「調べる、検討する」。動詞や名詞を覚えるときには、どういう単語とセットで使うかを意識すると覚えやすくなる。

4. 文法に関する問題。空欄直後の in traffic と組み合わせて「交通渋滞にはまる」という意味になる⒞stuck が正解。主語の後ろの述語動詞として使う時は be stuck in traffic となるが、今回は文頭に With があり、〈with ＋人＋過去分詞〉で「人が～して」という付帯状況（同時に何か他のことをしている状況）を表している。

5. 文法に関する問題。空欄の前にある had his team が解答のカギ。〈have ＋人＋動詞の原形〉で「人に～してもらう」という意味になる。よって動詞の原形である⒝verify が正解。have はこのように使役動詞（「～させる」という意味の動詞）として使われると、上司が部下に対して仕事などの指示をするというニュアンスになる。より強制的な使役を表す場合は make を用いる。

✳ ボキャブラリー

□ usually：通常は　□ hand out：～を配る
□ summarize：まとめる　□ papers：書類
□ respond：反応する　□ sharp：鋭い、急な
□ through：～を通して　□ as：～なので、～する時、～として　□ both A and B：AもBも両方とも
□ administration：管理　□ operations：作業
□ performance：業績、実行　□ inquire：問い合わせる　□ afford：余裕がある　□ examine：調べる、検討する　□ regular：習慣的な、正～　□ account

manager：会計主任　□ take one's place：人の代わりをする　□ client：顧客　□ figures：数
□ seem：～のように見える　□ incorrect：誤った

✳ 問題英文の日本語訳

1. リマーク商事でプレゼンテーションをする社員は通常、自分たちの考えをまとめた文書を配る。
(A) 反応する
(B) 配る
(C) 話す
(D) ～させる

2. トーマス氏は、その年の会社の営業成績が急増したことを指摘するためにプロジェクターのスライドを使った。
(A) 外に
(B) ～のために
(C) ～を通して
(D) ～として

3. 管理部門と運用部門の社員は、業績を調べるための来週の会議に参加する予定だ。
(A) 問い合わせる
(B) 支払う
(C) 余裕がある
(D) 調べる

4. 会計主任が交通渋滞にはまっているので、顧客に対応するため、武井氏は彼女の代わりに会議室に入るように言われた。
(A) はまる
(B) はまるだろう
(C) はまって動けない
(D) はまった

5. グプタさんは彼女のチームにすべての売上データを検証して、誤っていそうな数字を訂正させた。
(A) 検証可能な形で
(B) 検証する
(C) 検証者
(D) 検証

lesson 12 会社／会議室②

ドリルでトレーニング！　問題 ▶ 本冊 P.071

✳ 答え

(1) monthly, taking, place
(2) division, consists
(3) thinks, idea
(4) finds, mistakes
(5) appointed, branch
(6) praises, for
(7) satisfied, with
(8) agree, proposal
(9) participating, in
(10) belongs, resources

書き取りトレーニング！　問題 ▶ 本冊 P.072

✳ 答え

(1) The monthly meeting is taking place.
(2) The sales division consists of approximately 20 members.
(3) He thinks of another new idea.
(4) She finds some mistakes.
(5) He is appointed to branch manager.
(6) The president praises him for his work.
(7) She is satisfied with the presentation.
(8) He doesn't agree with the proposal.
(9) Some employees are participating in the meeting.
(10) She belongs to the human resources division.

TOEIC レベルにチャレンジ！　問題 ▶ 本冊 P.073

✳ 答え

1. (D) **2.** (B) **3.** (B) **4.** (A)

✳ 解き方

1. 語彙に関する問題。まず空欄の前に receive「何か を受け取った」とあり、次の文で It has the main topics「主な議題を含む」とあることから、空欄に入るものは「主な議題が含まれる」とわかる。よって正解は(D)agenda。Part 6 の穴埋め問題は、このように正解の手がかりが空欄を含む文と、その前後の文にある場合がある。空欄の前後だけ見ても正解がわからない場合は、視野を広げて前後の文の内容にも目を向けてみることが正解への近道。

2. 文脈に沿った適切な文を挿入する問題。空欄の直前直後の内容から文脈を読み取る。この空欄の前の文では meeting on Wednesday「水曜日の会議」のことを、後の文では Meeting Room「会議室」の話をしている。このことから this meeting というキーワードを含む(B)All department employees must participate in this meeting. が正解。

3. 文法に関する問題。空欄の前に助動詞 can があることから、空欄には動詞の原形が入ることがわかる。よって正解は動詞の原形である(B)accommodate。本問のように形がよく似た選択肢が並んでいる場合、空欄の前後を見るだけで正解がわかることが多い。

4. 語彙に関する問題。文と文をつなぐ語句を問う Part 6 特有の問題。空欄前後の文を見比べて判断する。空欄の前の文では「部屋が広い」、後ろの文では「部屋に装置が設置されている」とあるので、部屋についての情報を付け足していることがわかる。このような場合に使うのは正解の(A)Moreover。

✳ ボキャブラリー

□ to date：今まで　□ appliance：電化製品
□ committee meeting：委員会　□ larger：より大きい　□ easily：簡単に　□ accommodate：収容する
□ advanced：高度な　□ moreover：さらに

□ oppositely：反対に　□ despite：〜にもかかわらず　□ regardless：〜に関係なく、それでも
□ otherwise：そうでなければ　□ regards：（署名の前において）それでも

✳ **問題英文の日本語訳**

差出人：エリカ・サンチェス
　　　　[e.sanchez@remarketradingco.net]
宛先：国際営業部社員
　　　　[salesstaff@remarketradingco.net]
件名：水曜日の会議

社員のみなさま
支社長として今までのみなさんの仕事ぶりに満足しています。ボストンの本社も同様に評価をしています。みなさん全員、昨日送った議事録を受け取ったと思います。水曜日にある企画委員会の会議の主な議題が書かれています。この部の社員は全員必ずこの会議に出席してください。
201 会議室の代わりに、318 会議室を使います。この部屋は他より大きいので、全社員を収容しやすくなります。さらにこの部屋にはより高度な装置が設置されています。
もし質問があれば、私にメールをしてください。質問がなければ、水曜日にみなさんにお会いするのを楽しみにしています。

それでは。
エリカ・サンチェス

1. (A)　支払い
   (B)　電化製品
   (C)　食事
   (D)　議事録
2. (A)　日程を延期することは可能でしょうか？
   (B)　この部の社員は全員必ずこの会議に出席してください。
   (C)　私は来週出張に行く予定でした。
   (D)　初日に必要なレポートを提出してください。
3. (A)　収容
   (B)　収容する
   (C)　収容している
   (D)　収容するために
4. (A)　さらに
   (B)　反対に

(C)　それにもかかわらず
(D)　それでも

PART1_ シチュエーション別に覚える重要単語＆熟語

lesson **13 会社／取引先**

ドリルでトレーニング！　　問題 ▶ 本冊 P.076

✳ **答え**

(1)　apologizing, delay
(2)　with, subordinate
(3)　finishing, budget
(4)　got, off
(5)　placing, emphasis
(6)　changed, mind
(7)　signed, contract
(8)　seat, person, charge
(9)　convincing
(10)　concerned, about

書き取りトレーニング！　　問題 ▶ 本冊 P.077

✳ **答え**

(1)　He is apologizing for the delay.
(2)　He is speaking with his subordinate.
(3)　She is finishing the budget.
(4)　He got off the phone.
(5)　He is placing an emphasis on the high quality of the project.
(6)　She changed her mind.
(7)　They signed a contract.
(8)　She is taking a seat and waiting for the person in charge.
(9)　He is convincing his boss to modify the contract.
(10)　He is concerned about the loss.

解答&解説

＊ 答え

1. (B) 2. (C) 3. (A) 4. (B) 5. (D)

＊ 解き方

1. 語彙に関する問題。空欄直前の apologizing と相性のよい前置詞は(B)for。動詞には、それぞれ相性のよい前置詞があるので、動詞を覚えるときは意味だけでなく、セットで使われる前置詞や副詞などもあわせて確認してみよう。

2. 語彙に関する問題。空欄直前の place「置く」と組み合わせて意味が通り、空欄の後ろにある convincing customers「顧客を説得することに」という内容と流れが合うのは(C)emphasis だけ。ちなみに emphasis とよく一緒に使われる動詞には place のほかに add、lay などがある。

3. 文法に関する問題。空欄直前に planned という動詞があるのがポイント。後ろに to 不定詞を置いて、「～する予定」という意味になるので、正解は不定詞の(A)to sign。

4. 語彙に関する問題。空欄直後の a visit と組み合わせて「訪問する」という意味になるのは pay。よって正解はその過去形の(B)paid。TOEIC L&R テストによく出る熟語なので覚えておこう。

5. 文法に関する問題。空欄の直前に助動詞 may があるのがポイント。助動詞の後ろには動詞の原形を置くので正解は動詞の原形である(D)modify。語尾が違うと品詞だけでなく、意味も微妙に違う単語になることもあるので注意しよう。

＊ ボキャブラリー

□ ship：発送する　□ quality：質　□ reasonable：合理的な、手ごろな　□ cost：価格　□ occasion：機会　□ opportunity：機会　□ whether：～かどうか　□ instead of：～の代わりに　□ industry：産業　□ board of directors：取締役会　□ modifier：修飾語句

＊ 問題英文と日本語訳

1. トーマスさんは品物の発送が遅れたことを謝った後、正午に顧客との電話を切った。
   - (A) ～へ
   - (B) ～のために
   - (C) ～の中に
   - (D) ～のそばに

2. リマーク商事の営業チームは顧客を説得するために、手ごろな価格で高品質のものを提供することに気をつかっていると強調する。
   - (A) 機会
   - (B) 機会
   - (C) 強調
   - (D) 装置

3. サンチェスさんは、気持ちを変えることなく、顧客が契約書に署名するつもりかどうかについて部下と話した。
   - (A) 署名すること
   - (B) 署名すること
   - (C) 署名した
   - (D) 署名するだろう

4. 武井さんは予約なしにアムテル産業を訪れたので、ロビーでいすに腰かけて彼と話をする人を待つようにと言われた。
   - (A) 合計した
   - (B) 支払った
   - (C) 運転した
   - (D) 行った

5. 取締役会は予算を確定する前に一通り見て、部分的に修正することもあるだろう。
   - (A) 修正できる
   - (B) 修飾語句
   - (C) 修正
   - (D) 修正する

PART1_ シチュエーション別に覚える重要単語＆熟語

lesson 14 病院

＊ 答え

(1) seeing, doctor
(2) completed, questionnaire
(3) receiving
(4) filing
(5) several, rack
(6) calling

(7) noticed

(8) talking, patient

(9) relieved

(10) kinds, stock

書き取りトレーニング！

問題 ▶ 本冊 P.083

✳ 答え

(1) He is seeing a doctor.

(2) He completed the questionnaire.

(3) She is receiving the questionnaire.

(4) A nurse is filing some documents.

(5) There are several magazines on the rack.

(6) She is calling someone.

(7) He noticed his father.

(8) A doctor is talking to his patient.

(9) She is relieved.

(10) They have many kinds of medicine in stock.

TOEIC レベルにチャレンジ！

問題 ▶ 本冊 P.084

✳ 答え

1. (B)　**2.** (B)　**3.** (C)　**4.** (C)　**5.** (C)

✳ 解き方

1. 語彙に関する問題。空欄直後の a doctor が正解へのカギ。「医者に診察してもらいにいく」という意味が出るのは(B)see。see には「見る」、「会う」、「理解する」という意味があるが、このように特定の単語とセットで使われると、決まり文句としての意味になる。

2. 文法に関する問題。空欄直前に助動詞 must があるので、後ろには動詞の原形を置く。よって正解は(B)complete。単語の形だけで品詞を判断できるようになれば、このタイプの問題をすばやく解けるようになる。

3. 語彙に関する問題。空欄直後の magazines「雑誌」が複数形になっていることに注目。(B)much

は後ろに不可算名詞（数えられない名詞。名詞の前にａを置いたり、名詞に複数のｓをつけない）を、(D)every は後ろに単数形の名詞を置くので消える。(A)any は肯定文で「どれでも」、疑問文で「いくらか」、否定文で「少しも」という意味になる。今回は肯定文なので、意味が不自然。よって正解は(C)several。

4. 語彙に関する問題。空欄直前の前置詞 in に注目。組み合わせて「在庫」の意味になる(C)stock が正解。空欄の前にある動詞 keep「保管する」もヒントになる。

5. 文法に関する問題。空欄直前の主語が人であることに注目。relieve は「安心させる」という意味の動詞。人を主語にして「安心する」と言いたい時には〈be 動詞＋relieved〉という受動態の形をとる。よって正解は(C)was relieved。surprise「驚かせる」、excite「わくわくさせる」、disappoint「がっかりさせる」など、感情を表す動詞は人を主語にして、〈be 動詞＋過去分詞〉という形をとることが多い。この形は TOEIC L&R テストによく出る。

✳ ボキャブラリー

□ husband：夫　□ because：～なので　□ mark：印をつける　□ inform：知らせる　□ first-time：初めての～　□ must：～しなければならない　□ medical：医学的な　□ status：状態　□ treatment：治療　□ keep：保つ　□ others：他のもの　□ available：利用可能な　□ nearby：近くの　□ pharmacy：薬局　□ delivery：配達　□ drawer：ひきだし　□ nurse：看護師　□ finally：ついに　□ relieve：安心させる

✳ 問題英文の日本語訳

1. 武井夫人は健康が心配なので、夫に医者にいくように言った。

(A) 話す

(B) 会う

(C) 持っている

(D) 印をつける

2. このお知らせは、カイソウ医院にいらした初めての患者のみなさんに、医学的な状態についての問診票に必ずすべて記入していただくように伝えるものです。

(A) 完成

解答 & 解説

(B) 完成する

(C) 完全に

(D) より完全な

3. 武井さんは治療を受ける前に病院のラックにある雑誌を何冊か読んだ。

(A) どれでも

(B) 多くの

(C) いくつかの

(D) すべての

4. カイソウ医院は多くの種類の薬を在庫にもっていて、他のものは近くの薬局で手に入るようになっている。

(A) 箱

(B) 配達

(C) 在庫

(D) 引き出し

5. 武井さんは彼のカルテを持った看護師の山口さんについに呼ばれた時、安心した。

(A) 安心させる

(B) 安心させている

(C) 安心した

(D) 安心すること

PART1_ シチュエーション別に覚える重要単語＆熟語

Lesson 15 商店街

ドリルでトレーニング！

問題 ▶ 本冊 P.088

✳ 答え

(1) trying on

(2) microwave, sale

(3) giving, directions

(4) way, post

(5) stopping, grocery

(6) withdrawing, money

(7) calling, customers

(8) vegetables, shelves

(9) shopkeeper, folding

書き取りトレーニング！

問題 ▶ 本冊 P.089

✳ 答え

(1) She is trying on a skirt.

(2) A microwave oven is on sale.

(3) She is giving him directions.

(4) He is asking the way to the post office.

(5) She is stopping by a grocery store.

(6) She is withdrawing some money.

(7) He is calling in customers.

(8) There are a lot of vegetables on the store shelves.

(9) A shopkeeper is folding a flyer.

TOEIC レベルにチャレンジ！

問題 ▶ 本冊 P.090

✳ 答え

1. (D)　**2.** (A)

✳ 解き方

1. 写真には ATM を操作している女性が写っている。どの選択肢も「彼女」が主語なので、注目するのは主語の次にくる動詞。それぞれの選択肢の動詞は(A)「試着する」、(B)「電話をかける」、(C)「働く」、(D)「お金を引き出す」。写真に写っているのは銀行の ATM なので正解は(D)。(C)の最後に a bank「銀行」とあるが、ひっかけ単語なので注意。

2. ものだけが写っている写真。このタイプの問題では、主語が大きなカギになることが多いが、言い換えられていることも多いので注意深く聞こう。たとえば(C)のように There are 〜「〜がある」という文の場合もある。(A)と(B)で使われている〈have ＋ been ＋過去分詞〉は「しばらくの間そこに〜されている」という意味で、店や市場などの場面でよく使われる。(B)は主語の「看板」と最後の「壁」、(C)は最後の「野菜」、(D)は主語の「電気屋の商品」がそれぞれ誤り。正解は残る選択肢の(A)。

✳ ボキャブラリー

□ dial：電話をかける　□ withdraw：引き出す

□ be boxed up：箱詰めされている

＊ スクリプトと日本語訳

1. (A) She's trying on a jacket.
   (B) She's dialing the telephone number.
   (C) She's working in a bank.
   (D) She's withdrawing money.
   (A) 彼女はジャケットを試着している。
   (B) 彼女は電話をかけている。
   (C) 彼女は銀行で働いている。
   (D) 彼女はお金を引き出している。

2. (A) Items have been put on display.
   (B) The sign has been hung from the wall.
   (C) There are a lot of vegetables on the store shelves.
   (D) Appliance store goods are boxed up.
   (A) 品物が展示されている。
   (B) 看板が壁に掛けられている。
   (C) 店の棚に多くの野菜がある。
   (D) 電気屋の商品が箱詰めされている。

PART1_ シチュエーション別に覚える重要単語＆熟語

Lesson 16 海辺

ドリルでトレーニング！ 　問題 ▶ 本冊 P.095

＊ 答え

   (1) along, shore
   (2) getting, better
   (3) holding
   (4) enjoys
   (5) getting, exercise
   (6) out, sea
   (7) taking, picture
   (8) taking, walk
   (9) along, beach

書き取りトレーニング！ 　問題 ▶ 本冊 P.096

＊ 答え

   (1) They are walking along the shore.
   (2) He is getting better now.
   (3) She is holding a basket.
   (4) He enjoys playing a game.
   (5) He is getting exercise.
   (6) A ship is out to sea.
   (7) A man is taking a picture.
   (8) A boy is taking his dog for a walk.
   (9) A dog is running along the beach.

TOEIC レベルにチャレンジ！ 　問題 ▶ 本冊 P.097

＊ 答え

   1. (C)　2. (B)

＊ 解き方

1. 写真に写っているものの名前を確認しながら、文の主語に注意して放送文を聞く。それぞれの選択肢の主語は(A)「水」、(B)「橋」、(C)「ボート」、(D)「ヨット」。(D)は写真にないので消える。動詞の形が〈have[has]＋been＋過去分詞〉になっているときは、「すでに〜されているもの」という意味で、過去分詞になっている単語の意味が重要。(A)「注ぐ」、(B)「取り壊す」はいずれも写真にない内容なので消える。よって残った選択肢(C)が正解。

2. 写真には一人の男性が写っている。選択肢の主語と動詞に注意しながら放送文を聞こう。どの選択肢も「彼」が主語なので、動詞に注目する。各選択肢の動詞は(A)「買う」、(B)「写真を撮る」、(C)「建てる」、(D)「持っている」。正解としてありえるのは(B)と(D)だが、(D)は手に持っているものが「靴」なので誤り。よって正解は(B)。

＊ ボキャブラリー

□ pour：注ぐ　□ bridge：橋　□ take apart：分解する、取り壊す　□ build：建てる

1. (A) The water has been poured into the glass.
   (B) The bridge has been taken apart.
   (C) The boat is on the water.
   (D) The yacht is out to sea.
   (A) 水がグラスに注がれている。
   (B) 橋が取り壊されている。
   (C) ボートが水面に浮かんでいる。
   (D) ヨットが海に出ている。

2. (A) He's buying a camera.
   (B) He's taking a picture.
   (C) He's building a stage.
   (D) He's holding a pair of shoes.
   (A) 彼はカメラを買っている。
   (B) 彼は写真を撮っている。
   (C) 彼は舞台を建てている。
   (D) 彼は靴を一足持っている。

PART2_ ジャンル別に覚える重要単語＆熟語

lesson 17 「感情」を表す重要表現

ドリルでトレーニング！ 　問題 ▶ 本冊 P.101

✻ 答え

(1) been, interested, in
(2) was, eager, to
(3) were, surprised, to
(4) felt, disappointed
(5) are, worried
(6) am, sure
(7) are, not, satisfied, with
(8) I'm, impressed, by
(9) are, willing, to
(10) be, grateful, to

書き取りトレーニング！ 　問題 ▶ 本冊 P.102

✻ 答え

(1) I have been interested in purchasing a new computer.

(2) I was eager to try it out.
(3) They were surprised to hear the news.
(4) I felt disappointed.
(5) We are worried that he is working too hard.
(6) I am sure that you understand my situation.
(7) You are not satisfied with the product.
(8) I'm impressed by your quick response.
(9) We are willing to help you.
(10) I would be grateful to receive a refund.

TOEIC レベルにチャレンジ！ 　問題 ▶ 本冊 P.103

✻ 答え

1. (D) **2.** (A) **3.** (B)

✻ 解き方

1. 質問文の buy がキーワード。本文第 1 段落第 2 文の I bought the product last week.「その製品を先週買いました」とある。他に日付がわかるのはメール冒頭にある日付で、1 月 20 日となっているので(D)In the winter が正解。

2. 質問文の unhappy がキーワード。本文第 2 段落第 3 文に、同じ意味の disappointed があり、その文の後半で because this is too short to record lectures「これでは短すぎて講義を録音できない」というがっかりした理由を説明している。彼女がボイスレコーダーを使おうとした目的が果たせなかったことで、チャンさんはがっかりしたので正解は(A)。他の選択肢は(B)「適切に働かない」、(C)「時間通りに配達されない」、(D)「値段が高すぎる」という記述がそれぞれ間違い。

3. 質問文の want the company to do がキーワード。本文第 3 段落第 3 文に I'd be grateful to receive a refund based on your money-back guarantee.「御社の返金保証に基づいて返金をしていただければ幸いです」とあり、これが会社に対してチャンさんが求めていることだとわ

かる。よって refund を Give her money back と言い換えている(B)が正解。他の選択肢は(A)「交換」、(C)「謝罪文」、(D)「会員カード」という記述がそれぞれ間違い。

✳ ボキャブラリー

□ purchase：購入する　□ release：発売する
□ function：機能　□ however：しかし
□ discover：発見する　□ return：返却する
□ understand：理解する　□ product：製品
□ receive：受け取る　□ refund：返金
□ guarantee：保証　□ device：装置　□ properly：
きちんと　□ deliver：届ける　□ expensive：値段が
高い　□ exchange：交換する　□ apology：謝罪

✳ 問題英文の日本語訳

宛先：customer.service@TYelectronics.com
差出人：l.chan@hati.ne.cn
日付：1月20日 月曜日
題名：御社の製品
学習の補助にボイスレコーダーを購入しようと興味をもっていて、TYエレクトロニクス社から発売されたGXボイスレコーダーを楽しみにしていました。多くの機能に感激してその製品を先週購入しました。
それを懸命に使ってみようとしました。しかし、使ってみるとたった30分までしか録音できないことがわかり驚きました。これでは短すぎて講義を録音できないのでがっかりしました。
店で返品しようとしましたが、そうさせてくれませんでした。御社は私の状況を理解してくれると確信してます。この製品に満足しておらず、御社の返金保証に基づいて返金していただければ幸いです。
ご協力に感謝します。
ローリーン・チャン

1. いつチャンさんはこの製品を買いましたか。
　(A) 春　(B) 夏　(C) 秋　(D) 冬
2. なぜチャンさんはうれしくないのですか。
　(A) この機器が彼女の使い方に適さない。
　(B) 製品が適切に働かない。
　(C) 商品が時間通りに届いていない。
　(D) 機械の値段が高すぎて買えない。
3. チャンさんは会社に何をしてもらいたいのですか。
　(A) 商品を交換する　　(B) お金を返す
　(C) 謝罪文を送る　　(D) 会員カードを返す

PART2_ ジャンル別に覚える重要単語＆熟語

lesson **18** 「動作」を表す重要表現

ドリルでトレーニング！　問題 ▶ 本冊 P.105

✳ 答え

(1)　setting, up
(2)　be, displayed
(3)　adjust, machine
(4)　install, lights
(5)　inquire, about
(6)　received, letter
(7)　attach, file
(8)　canceled, meeting
(9)　notify
(10)　require, information, product

書き取りトレーニング！　問題 ▶ 本冊 P.106

✳ 答え

(1)　We are setting up a competition.
(2)　The products will be displayed in the cafeteria.
(3)　He can adjust the machine.
(4)　You should install more lights in this room.
(5)　I would like to inquire about the train schedule.
(6)　I received a letter from him.
(7)　Please attach the file to an e-mail.
(8)　They canceled the meeting yesterday.
(9)　We will notify you as soon as possible.
(10)　We require a lot of information about the product.

解答＆解説

TOEIC レベルにチャレンジ！ 問題▶本冊 P.107

✳ 答え

1. (A) **2.** (C) **3.** (B)

✳ 解き方

1. 質問文の purpose「目的」がキーワード。「目的」を問う問題では本文の冒頭に注目する。本文第1段落第1文に This is to notify that we are setting up a competition「新しい会社のロゴを選ぶコンテストを始めることをお知らせします」とあるので、これがこのメモの目的だとわかる。notify と同じ意味の announce、competition と同じ意味の contest を含む(A)が正解。他の選択肢は(B)「会議時間」、(C)「販売促進」、(D)「宣伝」という記述がそれぞれ間違い。

2. 質問文の NOT がキーワード。「社員食堂について本文に書かれていないものはどれか」を問う問題。本文を読み、選択肢のうち、本文に記述のあるものを1つずつ消していく。本文第1段落第4文に the cafeteria will be open until six instead of the usual five「通常の5時までの営業時間をのばし、6時まで営業しています」とあり、(B)の extended と同じ意味なので消える。同じく第1段落第5文に we need help adjusting the furniture「食堂の什器の配置を変える」とあり、adjusting と(A)の moved はほぼ同じ意味なので消える。同じく第1段落第5文に install more lights in the cafeteria「ライトをもう少し増やす」とあり、install と同じ意味の put in を含む(D)も消える。よって残る選択肢(C)が正解。「メニュー」については本文にいっさい書かれていない。

3. 質問文の for help がキーワード。本文第1段落第6文に Please come and talk to me if you can help.「手伝える場合は私にお声かけください」とあり、me はこのメモの差出人のことなので、冒頭の差出人欄より Miranda Hugh, Manager であることがわかる。よって(B)が正解。本文第2段落の Jason Collins はひっかけ。Jason Collins に連絡するのは the selection process「ロゴ選びの進め方」についてだけ。

✳ ボキャブラリー

□ company：会社　□ competition：コンテスト　□ notify：知らせる　□ cafeteria：食堂　□ important：重要な　□ cast a vote：投票する　□ facilitate：簡単にする　□ participation：参加　□ until：～まで　□ during：～の間　□ period：期間　□ contact：連絡する　□ announce：発表する　□ reschedule：日程を再調整する　□ promote：促進する　□ advertise：広告する　□ furniture：家具、什器　□ extend：拡大する　□ fellow：同僚　□ HR＝Human Resources：人事部

✳ 問題英文の日本語訳

メモ
差出人：ミランダ・ヒュー部長
宛先：ジャックレコーズの全社員
日付：6月1日
題名：会社ロゴコンテスト

会社の新しいロゴを選ぶコンテストを始めることをお知らせします。デザインは6月7日から14日まで社員食堂に展示される予定です。全社員が食堂を訪れて、投票することが重要であることを強調したいと思います。みなさんの参加を促すために、期間中、通常の5時までの営業時間をのばし、社員食堂は6時まで営業する予定です。またこの行事の準備のために、社員食堂の什器の配置を変え、ライトをもう少し増やすのに助けが必要です。手伝っていただける場合は私にお声かけください。

もしロゴ選びの進め方について尋ねたいことがあれば、人事部のジェイソン・コリンズまで連絡してください。

1. このメモの目的は何ですか。
(A) コンテストのお知らせ
(B) 会議日時の再設定
(C) 製品の販売促進
(D) レストランの宣伝

2. 社員食堂について示されていないものは何ですか。
(A) 什器を動かす必要がある
(B) 営業時間が延長する
(C) メニューが変更する
(D) より多くのライトが設置される

3. 社員は手伝いのボランティアについて誰に話せばよいですか。

(A) ジェイソン・コリンズ

(B) 部長

(C) 同僚の社員

(D) デザイナー

PART2_ ジャンル別に覚える重要単語＆熟語

lesson 19 「ビジネス」に関する重要表現①

ドリルでトレーニング！ 問題 ▶ 本冊 P.109

✱ **答え**

(1) make, appointments

(2) forward, applications

(3) summarize, article

(4) modify, document

(5) arranged, meeting

(6) offer, cell, phones

(7) updates, software

(8) take, on, job

(9) hire, people

(10) founded, company

書き取りトレーニング！ 問題 ▶ 本冊 P.110

✱ **答え**

(1) You should make appointments in advance.

(2) Please forward applications to the following address.

(3) Will you summarize this article？

(4) They had to modify the document.

(5) I arranged a meeting with Mr. Tanaka for next Monday.

(6) They offer new cell phones at a low price.

(7) The company updates their software once a month.

(8) He will take on a difficult job.

(9) Our company will hire thirty people next year.

(10) They founded their company fifteen years ago.

TOEIC レベルにチャレンジ！ 問題 ▶ 本冊 P.111

✱ **答え**

1. (A)　2. (C)　3. (B)

✱ **解き方**

1. 質問文の schedule meetings がキーワード。本文第2段落第1文に How to make appointments「面会予約の取り方」とあるので、その日付である選択肢(A)が正解。

2. 質問文の the end of the class がキーワード。本文第3段落第1文の After the course ～ present a certificate of attendance「コース後には～出席証明書をお渡しします」とあり、present と certificate はそれぞれ選択肢(C)の given と document と同じ意味である。よって(C)が正解。他の選択肢は(A)「祝賀夕食会」、(B)「事業会議」、(D)「教科書」という記述がそれぞれ間違い。

3. 質問文の NOT と apply がキーワード。申し込み方法について、本文に記述がないものを選ぶ問題。本文を読み込み、選択肢の中から本文に記述のあるものを消していく。本文第5段落第2文に please apply by phone, e-mail or in person.「電話、Eメール、または直接ご来校の上お申し込みください」とあるので、選択肢(D)call、(C)e-mail、(A)in person の3つの選択肢は消える。よって残る選択肢(B)が正解。ウェブサイトからの申し込みについては、現在更新中で使えないという記述が本文にある。

✱ **ボキャブラリー**

□ MA = Massachusetts：マサチューセッツ州

□ employee：従業員　□ assignment：業務

□ apply：申し込む　□ answer：答える

□ effectively：効果的に　□ instructor：講師

□ individually：個別に　□ present：与える

□ certificate：証明書　□ attendance：出席

□ include：含む　□ happen：起こる

□ congratulatory：お祝いの　□ take place：行われる　□ attendant：出席者　□ document：文書

問題英文の日本語訳

ロキソン・アカデミー

マサチューセッツ州ボストンイングリッド通り 20178

1-888-555-1123

www.rxacademy.com

ビジネスコース

より多くの仕事に携わりたい、オフィス業務の最新のスキルを身につけたいという新入社員やベテラン社員のためのコースです。――今お申し込みいただくとテキストを無料で差し上げます。（この特典は5月31日まで有効です）

6月15日：面会予約の取り方―午前10時

6月16日：電話対応と転送の方法―午後8時

6月17日：ビジネス文書の要約と修正の方法―午後8時

6月18日：効果的な商品の見せ方―午後7時30分

コースの後には講師が、みなさまおひとりずつに出席証明書をお渡しします。

コース担当講師：ジェーン・ホランド博士（ロキソン・アカデミー創設者）

テキスト：ビジネス101―ロキソン・アカデミー著・編

＊当校ホームページはオンライン申し込みシステムを導入するために更新中です。

当面は電話、Eメール、または直接ご来校の上お申し込みください。

1. 会議を設定する方法を学べるのはいつですか。
- (A) 6月15日
- (B) 6月16日
- (C) 6月17日
- (D) 6月18日

2. 授業の後に起こることは何ですか。
- (A) 祝賀夕食会が開かれる。
- (B) 事業会議が開催される。
- (C) 参加者に文書が与えられる。
- (D) 生徒に教科書が販売される。

3. 申し込み方法について読み手に示されていない方法はどれですか。
- (A) 直接来校する
- (B) ウェブサイトを使う
- (C) Eメールを送る
- (C) 電話をかける

Lesson 20 「ビジネス」に関する重要表現②

ドリルでトレーニング！ 問題 ▶ 本冊 P.113

✳ 答え

(1) meet, safety, standards
(2) product, development
(3) in, charge, of
(4) Proficiency, required
(5) health, assessment
(6) paid, sick, leave
(7) rules, regulations
(8) expansion, strategy
(9) turn, in, annual
(10) increase, employment

書き取りトレーニング！ 問題 ▶ 本冊 P.114

✳ 答え

(1) All companies should meet the highest safety standards.
(2) She has a lot of knowledge about product development.
(3) He is in charge of inventory management.
(4) Proficiency in English is required.
(5) Every staff member has a health assessment once a year.
(6) You have five days of paid sick leave.
(7) Please explain the rules and regulations.
(8) They are discussing an expansion strategy.
(9) Please turn in the annual report by tomorrow.
(10) The company wants to increase its employment of foreigners.

TOEIC レベルにチャレンジ！ 問題 ▶ 本冊 P.115

✳ 答え

1. (A)　**2.** (C)　**3.** (A)

✳ 解き方

1. 質問文の JYT Co. がキーワード。本文第 1 段落第 1 文 に creating innovative electronic products「革新的な電子機器の製作」とあり、creating と同じ意味の manufacturing を含む(A)が正解。

2. 質問文の NOT と job requirements がキーワード。本文第 2 段落に候補者の条件が書いてある。本文と選択肢を順に照らし合わせると、本文第 1 文 の bachelor's degree は 選 択 肢(B)の educational に 対 応。本 文 第 2 文 の work experience は選択肢(D)の job experience に対応。本文第 2 文 Proficiency in computer programming は選択肢(A)の computer skill に対応している。以上の 3 つの選択肢が消え、残る選択肢(C)が正解となる。選択肢では本文で使われている単語が言い換えられているのが普通なので、言い換えを見破ることが正解への近道。

3. 質問文の employee benefits がキーワード。本文第 3 段落第 1 文の You will be entitled to yearly health assessments「年に 1 回の健康診断を受ける権利がある」に注目。この場合の "You" は特定の「あなた」ではなく、この文章の読み手である、職を得て従業員になる人々のことを指している。health assessments と同じ意味の health checkups を含む(A)が正解。他の選択肢は(B)「1 か月の休暇」、(C)「会社の車」、(D)「毎年昇給」という記述がそれぞれ間違い。

✳ ボキャブラリー

□ be dedicated to：専念する　□ create：つくる
□ innovative：革新的な　□ electronic：電気の
□ meet：会う、満たす　□ in line with：〜に沿って
□ bachelor：学士（大学の学部卒業）　□ at least：少なくとも　□ experience：経験　□ require：必要とする　□ be entitled to：〜の権利がある　□ in accordance with：〜に従って　□ salary：給料
□ be based on：〜に基づく　□ inquiry：問い合わせ　□ manufacturing：製造　□ agency：代理店、機関　□ financial：金融　□ consultation：相談
□ academic：学術の　□ institution：機関
□ educational：教育の　□ language：語学
□ allow：許可する　□ vacation：休暇
□ get a raise：昇給する

✳ 問題英文の日本語訳

求人

JYT Co. は、高い安全基準を満たす革新的な電子機器の製作に力を注いでいます。当社の事業拡大戦略に伴い、製品開発部門と在庫管理部門での求人があります。

候補者は学士またはそれ以上の学位をもち、少なくとも 3 年の職務経験のある方となります。またコンピュータープログラミングの能力も必須です。

職員は、社則に従って、年 1 回の健康診断と年次休暇（有給病気休暇を含む）を得る権利が与えられます。給与は経験に基づきます。

雇用に関するすべてのお問い合わせは info@jyt.com までお送りください。

1. JYT Co. とはどんな種類の会社ですか。
(A) 製造会社
(B) 報道機関
(C) 金融コンサルタントグループ
(D) 学術機関

2. 応募条件に含まれていないものはどれですか。
(A) コンピューターの技術　　(B) 学歴
(C) 語学能力　　　　　　　　(D) 職務経験

3. 従業員の福利厚生について何と示されていますか。
(A) 従業員は健康診断を受けられる。
(B) 従業員は 1 か月の休暇が許されている。
(C) 従業員は会社の車を使える。
(D) 従業員は毎年昇給する。

解答&解説

Lesson 21 「ビジネス」に関する重要表現③

ドリルでトレーニング！ 問題 ▶ 本冊 P.117

✳ 答え

(1) transferred, headquarters
(2) inspection, conducted
(3) human, resources, interviews
(4) enhance, public, relations
(5) sales, division
(6) supply, department
(7) belong, purchasing, department
(8) head, company
(9) I'm, aware
(10) labor, regulations

書き取りトレーニング！ 問題 ▶ 本冊 P.118

✳ 答え

(1) She transferred to the corporate headquarters in New York.
(2) The inspection will be conducted by specialists.
(3) Two staff members in the human resources department do the interviews.
(4) They will enhance public relations activities this year.
(5) I want to work in the sales division.
(6) There were a few employees in the supply department.
(7) They belong to the purchasing department.
(8) He is the head of our company.
(9) I'm aware that I'm very lucky.
(10) According to labor regulations, they can't work here.

TOEIC レベルにチャレンジ！ 問題 ▶ 本冊 P.119

✳ 答え

1. (C) **2.** (B) **3.** (D)

✳ 解き方

1. 質問文の main purpose がキーワード。主な目的を問う問題が出てきたら冒頭に注目。本文第1段落第1文に Corporate headquarters has ordered「本社から指示があった」とあるので、この告知文は本社から社員に向けてのメッセージだとわかる。また、本文第1段落第2文に The inspection will be conducted by specialists on the following dates.「検査は以下の日程で専門家によって実施されます」とあるので、inspection「検査」を言い換えた event という単語を含む(C)が正解。他の選択肢は(A)「従業員の昇進」、(B)「社員旅行」、(D)「警告」という記述がそれぞれ間違い。

2. 本文中の単語と最も近い意味の単語を選ぶ語彙問題。conducted は「実施する」という意味で、同じ意味なのは(B)performed。Part 7 ではこのような問題が数問出ることがあるので、類義語を意識して覚えておく必要がある。

3. 質問文の Mr. Xhao、advise、the staff がキーワード。本文の最後に署名があり、"Mr. Xhao" はこの告知文の書き手なので本文では I で示される。また the staff「社員」はこの告知文の読み手なので、本文では you で示される。以上のことから、この問題では書き手（I）が読み手（you）にアドバイスしている文を本文で探せばいいということがわかる。you と advise の類義語を含む文を探すと、本文第3段落第2文の I suggest you make backups of all necessary files.「必要なファイルはすべてバックアップしておくことをおすすめします」という文が見つかる。以上からファイルについての記述をしている(D)が正解だとわかる。他の選択肢は(A)「電源を切る」、(B)「出る」、(C)「相談する」という記述がそれぞれ間違い。

✳ ボキャブラリー

☐ security：安全性　☐ inspection：検査
☐ conduct：実施する　☐ following：以下の

□ daily：日常の　□ procedure：手順　□ out of use：使用できない　□ during：〜の間
□ suggest：提案する　□ make backups：バックアップする、保存する　□ necessary：必要な
□ head：長　□ promotion：昇進　□ inform：知らせる　□ company outing：社員旅行　□ warn：警告する　□ virus：ウイルス　□ turn off：電源を切る
□ leave：出る　□ consult：相談する　□ expert：専門家　□ IT＝Information Technology：情報技術

✳ 問題英文の日本語訳

本社から、すべてのコンピューターの安全性を検査するように指示がありました。

検査は以下の日程で専門家によって実施されます。

　人事部と広報部—4月11日月曜日
　営業部と備品部—4月12日火曜日
　購買部—4月13日水曜日

日常業務でどの社員も忙しいことは承知しておりますが、この手続きに備えてください。

検査中、コンピューターは使用できませんので、必要なファイルはすべてバックアップしておくことをおすすめします。

IT 安全部長
ジョージ・シャオ

1. このお知らせの主な目的は何ですか。
- (A) ある従業員の昇進を知らせるため
- (B) 社員旅行を知らせるため
- (C) 予定されていた行事について従業員に知らせるため
- (D) コンピューターウイルスについて社員に警告するため

2. 第1段落2行目の"実施する"という単語に意味が最も近いのは
- (A) 強化する　　(B) 行う
- (C) 考える　　　(D) 達成する

3. シャオさんは職員に何をするように助言していますか。
- (A) コンピューターの電源を切る
- (B) 会社から出る
- (C) 専門家に相談する
- (D) ファイルのコピーをする

PART2_ ジャンル別に覚える重要単語＆熟語

lesson 22 「金銭」に関する重要表現①

ドリルでトレーニング！　問題 ▶ 本冊 P.121

✳ 答え

- (1) fortune, stock
- (2) earn, income
- (3) Prices, lowered
- (4) present, receive, discount
- (5) customers, complimentary
- (6) reimburse, expenses
- (7) makes, donation
- (8) confirm, balance
- (9) economical, rent
- (10) significant, increase, cost

書き取りトレーニング！　問題 ▶ 本冊 P.122

✳ 答え

- (1) She built a fortune through stock trading.
- (2) We will earn a high income in a few years.
- (3) Prices will be lowered for two weeks.
- (4) Please present a coupon in order to receive the discount.
- (5) All customers applying now can enjoy a complimentary breakfast.
- (6) They should reimburse you for all expenses.
- (7) He makes a donation every month.
- (8) Please confirm your balance at the bank.
- (9) It is economical to rent CDs or DVDs.
- (10) I was surprised to know the significant increase in cost.

解答＆解説

✳ 答え

1. (B)　2. (B)　3. (C)

✳ 解き方

1. 質問文の How long がキーワード。割引の実施期間については、本文第1段落第3文に Prices will be lowered for 7 days only「値下げは7日間だけ」とあるので、(B)が正解。7 days が A week に言い換えられている。このように数が関連する問題でも、本文と選択肢では表現が言い換えられていることが多いので注意しよう。

2. 質問文の for free がキーワード。本文第1段落第6文に your complimentary bath pillow「無料の風呂用枕」とあるので、(B)が正解。この表現は本文では complimentary に言い換えられている。

3. 質問文の ecological choice がキーワード。同じ表現があるのは、本文第2段落。また第2段落第2文に For every $100 of purchase, Bathmaster will make a donation of $5 to the Save Forest Foundation.「100ドルお買い上げにつき、バスマスター社は森林保護財団に5ドルの寄付をしております」とあるので、make a donation と同じ意味の gives money to charity とある(C)が正解。他の選択肢は(A)「無害な物質」、(B)「再利用」、(D)「清掃行事」という記述が本文にないので間違い。

✳ ボキャブラリー

□ tub：浴槽　□ luxury：高級な　□ cut：割引する
□ whirlpool：泡風呂　□ hurry：急ぐ　□ simply：ただ〜　□ present：提示する　□ cashier：レジ
□ save：節約する　□ installation：設置　□ fee：費用　□ ask for：要求する　□ pillow：枕
□ within：〜以内　□ easy：簡単な　□ not only 〜 but ...：〜だけでなく…　□ ecological：環境にやさしい　□ foundation：財団　□ offer：値引、安売り
□ last：続く　□ customer：客　□ receive：受け取る　□ for free：無料で　□ spa：温泉
□ harmless：無害の　□ substance：物質
□ recycle：再利用する　□ charity：慈善団体

□ organize：催す　□ cleanup：清掃

✳ 問題英文の日本語訳

　　バスマスターのすべての浴槽が10%割引
高級浴槽を買うのに大金や高収入は必要ありません！バスマスターはすべての泡風呂用の浴槽の値段を10%割引いたします。値下げは7日間限定ですので、お早めに！　割引を受けるには、レジで割引クーポン券を提示するだけ。今お買い上げいただくと、浴槽の設置費用も30%割引になります。そして、無料の風呂用枕を頼むのもお忘れなく。

万一、この製品にご満足いただけない場合は、1か月以内にお近くのバスマスターのお店にお越しいただければ返金させていただきます。これはお手軽！

当社をお選びいただくのは、経済的なだけでなく、環境にもやさしいことです。100ドルお買い上げにつき、バスマスター社は森林保護財団に5ドル寄付をしております。

1. この割引はどのくらいの期間続きますか。
   (A)　1日　　　(B)　1週間
   (C)　1か月　　(D)　1年

2. お客さんは何を無料で受け取れますか。
   (A)　高級浴槽　　　(B)　風呂用枕
   (C)　設置サービス　(D)　温泉入浴券

3. 広告によると、バスマスターを選ぶのは、なぜ環境にやさしいのですか。
   (A)　無害な物質を使っているから
   (B)　全ての製品をリサイクルするから
   (C)　お金をチャリティーに寄付するから
   (D)　清掃イベントを開催するから

PART2_ ジャンル別に覚える重要単語＆熟語

Lesson 23 「金銭」に関する
重要表現②

ドリルでトレーニング！ 問題 ▶ 本冊 P.125

✳ 答え

(1)　make, automatic, withdrawal
(2)　budget, proposal
(3)　expense, report

(4) raised, price
(5) salary, raise
(6) launched, fund-raising
(7) extra, charge
(8) Shipping, rates
(9) half, off

書き取りトレーニング！ 〔問題 ▶ 本冊 P.126〕

✳ 答え

(1) We recommend you make an automatic withdrawal.
(2) He is concentrating on making the budget proposal.
(3) I will do a travel expense report after I come back.
(4) They raised the price of gas.
(5) Workers asked for a salary raise.
(6) We launched a fund-raising campaign.
(7) Is there an extra charge for delivery ?
(8) Shipping rates vary depending on the area.
(9) They sell the vintage wine at half off the original price.

TOEIC レベルにチャレンジ！ 〔問題 ▶ 本冊 P.127〕

✳ 答え

1. (A) **2.** (B) **3.** (C)

✳ 解き方

1. 質問文の Anita Gonzalez がキーワード。手紙冒頭の宛名と社名に手がかりがある。社名に "Wedding" という記述がある。さらに本文第3段落第2文にも Wedding Planner という記述があるので、(A)が正解。人物に関する問題は、手紙の書き手なのか読み手なのかを意識して、宛名や宛先、署名に注目すると答えを見つけやすい。

2. 質問文の Mikael Ray がキーワード。手紙の最後に署名があるので、この手紙を書いた人だとわかる。個人の場合は I、会社の代表の場合は We を

使って書き手は自分を表現する。手紙を出した理由は、通例冒頭に書いてあるので本文第1段落第1文に注目してみる。We could not make an automatic withdrawal of your travel expenses because the account balance was insufficient.「お客さまの口座残高が不足していたため、旅費の自動引き落としができませんでした」とある。このことから payment という単語を含む(B)が正解だとわかる。他の選択肢は(A)「製品」、(C)「販売促進」、(D)「請求書」という記述は本文になく、それぞれ間違い。

3. 質問文の NOT と travel cost がキーワード。travel cost については本文第2段落に書かれている。本文に出てくる順に選択肢を消していくと、第1文の train tickets が(B)「交通費」、2 nights at Hotel Varsa が(A)「宿泊費」、第2文の extra charges for shipping luggage が(D)「手荷物配送費」にそれぞれ対応している。残る選択肢(C)は本文に記述がない。よって正解は(C)。

✳ ボキャブラリー

□ insufficient：不足な □ regarding：〜に関して
□ matter：事柄 □ including：〜を含めて
□ shipping ＜ ship：配送する □ luggage：手荷物
□ entrance fee：入場料 □ enclose：同封する
□ note：注意する □ policy：制度 □ end：終わる
□ due to：〜のために □ per：〜につき □ since：〜なので □ association：組合 □ bride：花嫁
□ accountant：会計士 □ complain：苦情を言う
□ discuss：話し合う □ payment：支払い
□ issue：問題 □ invoice：請求書
□ accommodation：宿泊 □ transportation：移動

✳ 問題英文の日本語訳

アニータ・ゴンザレス様
アニータ・ウェディング・サービス
パローラ　ホップス通り256
2678
8月7日
アニータ・ゴンザレス様
お客さまの口座残高が不足していたため、旅費の自動引き落としができませんでした。この件に関しまして、8月15日までに私どもにご連絡ください。
お客様の旅行の総額には、電車の切符、ヴァーサホ

テルでの2泊、手荷物配送の追加料金、WP博覧会の入場料が含まれており、570ドルとなります。ホテルと手荷物配送料金の価格表を同封しました。

WP博覧会の入場料無料制度は財政的な理由から2年前に終了しておりますことをご留意ください。今年、1人あたり50ドルに値上げいたしましたが、お客様はウェディングプランナー組合の会員なので、半額割引をお受けいただくことができます。

敬具

ミカエル・レイ

1. アニータ・ゴンザレスはおそらく誰ですか。
- (A) ウェディングプランナー
- (B) まもなく結婚する人
- (C) 旅行代理業者
- (D) 会計士

2. なぜミカエル・レイはアニータ・ゴンザレスに手紙を送りましたか。
- (A) 製品に苦情を言うため
- (B) 支払い問題に関して話し合うため
- (C) 旅行商品の販売促進をするため
- (D) 請求書を要求するため

3. 旅費に含まれていないものは何ですか。
- (A) 宿泊費
- (B) 交通費
- (C) 航空券
- (D) 手荷物配送料

PART2_ ジャンル別に覚える重要単語＆熟語

lesson 24 「数量」を表す重要表現

ドリルでトレーニング！　問題 ▶ 本冊 P.129

✴ 答え

(1) less, than
(2) a, series, of
(3) quite, a, few
(4) twice, as, much, as
(5) a, number, of
(6) a, couple, of
(7) at, least
(8) at, most
(9) increase, capacity

書き取りトレーニング！　問題 ▶ 本冊 P.130

✴ 答え

(1) It takes less than five minutes to install.
(2) He answered a series of questions about the movie.
(3) The game received quite a few good reviews.
(4) This year I'm working twice as much as last year.
(5) They won a number of awards.
(6) We still need to run a couple of tests.
(7) Please drink at least three glasses of water a day.
(8) In Hong Kong we only spent $100 a day at most.
(9) I want to increase the storage capacity of this computer.

TOEIC レベルにチャレンジ！　問題 ▶ 本冊 P.131

✴ 答え

1. (C)　2. (C)　3. (D)

✴ 解き方

1. 質問文の main topic「主な話題」がキーワード。本文第1文の an RPG computer game「ロールプレイングゲーム」とあり、それ以降、games という単語が繰り返し出てくるので、これが本文のテーマだとわかる。よって正解は(C)。テーマを問う問題を解く際は本文の中でくり返し登場するキーワードを探す。

2. 質問文の suggested がキーワード。本文全体から、内容を推測する難易度が高めの問題。LX studio に関する記述を探していくと、本文第2文に selling at least five million copies worldwide with a profit of over $20 million「全世界で少なくとも500万本、2000万ドルの利益を生む」とある。この記述に一致する(C)が正解。他の選択肢は(A)「雑誌」、(B)「工場」、(D)「最速」という記述がそれぞれ間違い。

3. 質問文の new product「新製品」がキーワード。このキーワードを手がかりに本文を読んでいくと、本文最終文に the new game will sell twice as much as the first「この新作ゲームは第 1 作の 2 倍は売れるだろう」とある。この記述に一致する(D)が正解。他の選択肢は(A)「数年後」、(B)「無料のグラフィックカード」、(C)「病院」という記述は本文中になく、すべて間違い。

✳ ボキャブラリー

□ forbidden：禁じられた　□ quest：冒険
□ become：〜になる　□ huge：大きな
□ commercial：商業の　□ success：成功
□ million：100 万　□ worldwide：世界中で
□ profit：利益　□ financial：財政的に　□ result：結果　□ to date：今まで　□ win awards：賞を受賞する　□ on the way：〜の途中　□ sequel：続編
□ feature：特徴　□ although：〜だが　□ still：まだ　□ need：必要　□ at the latest：遅くとも
□ CEO：最高経営責任者　□ superb：最高の
□ analyst：分析者、評論家　□ predict：予測する
□ article：記事　□ imply：（暗に）意味する
□ publish：出版する　□ once a month：月 1 回
□ operate：動かす　□ factory：工場　□ past：過去の　□ fastest：最も速い　□ accompany：伴う
□ raise funds：募金する　□ expect：期待する

✳ 問題英文の日本語訳

LX スタジオ新作発売

シアトル（5 月 5 日）——ほんの 1 年前、LX スタジオは「禁じられた地図」という、プレーヤーがいくつかの冒険を制覇するロールプレイングゲームを発売した。このゲームは全世界で少なくとも 500 万本、2000 万ドルの利益を生む大きな成功を収め、今までのその会社最大の売り上げとなった。このゲームはゲーム専門誌からかなり多くのよい評価を得て、数多くの賞を受賞した。LX スタジオは昨日、より面白いゲームの制作中であることを発表した。「当社は、多くの新しい特徴を備えた『禁じられた地図』の続編を発売する予定です。まだいくつかのテストをする必要がありますが、遅くとも 9 月までには店頭に並びます」と、LX スタジオの最高経営責任者マイク・フォックスは述べた。「続編には高い記憶容量を持つコンピューターが必要だが、グラフィックは最高です」評論家たちは、この新作ゲームは第 1 作の 2 倍は売れるだろう

と予測している。

1. この記事の主な話題は何ですか。
- (A) 映画　　　(B) スポーツ
- (C) ゲーム　　(D) コンピューター

2. LX スタジオについて示されていることは何ですか。
- (A) 月に 1 回雑誌を発行している。
- (B) 多くの国で工場を運営している。
- (C) 自社の製品で多くの利益を得た。
- (D) 世界一速いコンピューターをつくった。

3. LX スタジオの新製品について述べられていることは何ですか。
- (A) 数年後に発売される予定である。
- (B) 無料のグラフィックカードがついてくる。
- (C) 病院への募金になるよう望まれている。
- (D) 過去の商品より多く売れると期待されている。

PART2_ ジャンル別に覚える重要単語＆熟語

---

lesson 25　「位置・場所」を表す重要表現

ドリルでトレーニング！　問題 ▶ 本冊 P.133

✳ 答え

(1)　from, shore
(2)　over, there
(3)　under, construction
(4)　walking, along
(5)　on, premises
(6)　out, of, town
(7)　on, board
(8)　on, floor

書き取りトレーニング！　問題 ▶ 本冊 P.134

✳ 答え

(1)　We can see the ship from the shore.
(2)　I can hear something over there.
(3)　A new shopping mall is under construction.

解答＆解説

(4) We were walking along the street together.

(5) There is a large cafeteria on the premises of the company.

(6) Our boss is now out of town on business.

(7) All the passengers got on board a plane.

(8) We are on the eighth floor now.

TOEIC レベルにチャレンジ！ 問題 ▶ 本冊 P.135

✻ 答え

1. (D)　**2.** (B)　**3.** (A)

✻ 解き方

1. 質問文の perfect for couples and families「カップルや家族にとって完璧」がキーワード。本文第2文に there is a swimming beach right in front of the hotel, making it ideal for couples and families.「ホテルの真っ正面に泳げる海岸があり、カップルや家族にとって理想的」とあるので(D)が正解。他の選択肢は(A)「インテリア」、(B)「教会」、(C)「レストラン」とあるが、これらは本文ではカップルや家族にとって理想的なものとして書かれていないので間違い。

2. 質問文の hotel facility, NOT がキーワード。NOT 問題なので、本文に記述が出てきた順に選択肢を消していく。本文第3文の the business service center が(D)「ビジネスサービスセンター」、a French restaurant が(A)「フランス料理屋」、本文第5文の a fitness facility が(C)「ジム」に対応しているので消える。残る選択肢(B)は本文に記述がない。よって(B)が正解。

3. 質問文の the shopping area がキーワード。このキーワードを手がかりに、本文後半の For shoppers で始まる文に注目する。さらに読み進めると最終文に a new shopping mall is under construction「新しいショッピングモールも建設中である」とある。この記述に一致する(A)が正解。他の選択肢は(B)「ホテルのすぐそば」、(C)「とても人気」、(D)「バス」という記述が本文になく、いずれも間違い。

✻ ボキャブラリー

□ review：レビュー、批評　□ stylish：おしゃれな　□ lake：湖　□ church：教会　□ ideal：理想的な　□ tastefully：趣味よく、センスよく　□ decorate：飾る　□ place：置く　□ facility：施設　□ work out：運動する　□ boutique：洋服屋　□ perfect：完璧な　□ build：建てる　□ be close to：～の近くに　□ eatery：レストラン　□ right by：すぐそばに　□ popular：人気がある

✻ 問題英文の日本語訳

ソーヤーズホテルはハーモニー教会隣のハーモニー湖の岸辺にあるおしゃれなホテルです。都会から少しだけ離れた場所にあるが、ホテルの真っ正面に泳げる海岸があり、カップルや家族にとって理想的な場所です。ホテルの2階のビジネスサービスセンターの向かいに、「ルマンジェ」というフレンチレストランがあります。たくさんのいいワインが在庫にあり、壁には現代的な絵画が趣味よく飾られ、後ろの壁にある棚にはろうそくが一列に並べられています。運動をしたい場合には、敷地内にフィットネス施設もあります。買い物をしたい方には、ホテルから20分離れたハーモニー丘のふもとにショッピングエリアがあります。そこには通りに沿って洋服屋があり、新しいショッピングモールも建設中です。

1. このレビューによると、カップルや家族にとってこのホテルが完璧なのはなぜですか。
   (A) 現代的な内装だから
   (B) 教会の隣に建てられているから
   (C) 多くのレストランがあるから
   (D) 海岸の近くにあるから

2. このレビューで述べられていないホテルの施設はどれですか。
   (A) フランス料理屋
   (B) プール
   (C) ジム
   (D) ビジネスサービスセンター

3. ショッピングエリアについて示されていることは何ですか。
   (A) 店が増える予定である。
   (B) ホテルのすぐそばにある。
   (C) とても人気がある。
   (D) そこに行くバスがある。

Lesson 26 「時間」を表す重要表現

ドリルでトレーニング！ 問題 ▶ 本冊 P.137

✳ 答え

(1) on, vacation
(2) single-day, tour
(3) monthly, meeting, afternoon
(4) right, away
(5) on, time
(6) in, advance
(7) state-of-the-art
(8) in, time
(9) quite, a, while
(10) These, days

書き取りトレーニング！ 問題 ▶ 本冊 P.138

✳ 答え

(1) They were on vacation in France last month.
(2) We took a single-day tour of Sydney.
(3) We have a monthly meeting in the afternoon.
(4) He should leave home right away.
(5) The conference finished on time.
(6) I bought the concert ticket in advance.
(7) They invented a state-of-the-art security system.
(8) He arrived there just in time.
(9) We didn't see him for quite a while.
(10) These days lots of teenagers have their own smart phones.

TOEIC レベルにチャレンジ！ 問題 ▶ 本冊 P.139

✳ 答え

1. (C)　**2.** (B)　**3.** (A)

✳ 解き方

1. 質問文の Mr. Fox がキーワード。最後の署名に名前があることから、Mr. Fox は E メールの書き手。本文では "I" と表現されるので、それがある文に注目して読み進める。本文第 1 文に While on vacation in Italy「イタリアでの休暇中」とあり vacation と同じ意味の holiday を含む(C)が正解。他の選択肢は(A)「結婚式」、(B)「出張」、(D)「家探し」という記述がそれぞれ間違い。

2. 質問文の why、the tour がキーワード。ツアーに参加した理由は本文第 2 文に書かれている。because it included a visit to the 17th century Palazzo Barberini palace「17 世紀のパラッツォ・バルベリーニ宮殿への訪問が含まれていたからです」とあるので、the 17th century Palazzo Barberini palace を言い換えた a historical site を含む(B)が正解。他の選択肢は(A)「ローマに行ったことがない」、(C)「広告」、(D)「イタリア料理」という記述がそれぞれ間違い。

3. 質問文の suggest がキーワード。提案は e メールの最後に書かれることが多い。本文最終文の I think you need to make a new assessment of your tour schedule「御社のツアー日程を改定することが必要なのではないかと思います」とあり、同じ内容である選択肢(A)が正解。他の選択肢は(B)「より多くの選択肢」、(C)「ガイドの派遣」、(D)「予算」という記述がそれぞれ間違い。

✳ ボキャブラリー

□ while：～の間に　□ vacation：休み、休暇
□ look forward to：～を楽しみにする　□ century：世紀　□ palace：宮殿　□ arrive：到着する
□ tell：伝える　□ almost：ほとんど　□ join：参加する　□ later：後で　□ extremely：とても　□ be crowded：混雑する　□ attend：出席する
□ business trip：出張　□ holiday：休み　□ look for：～を探す　□ historical：歴史的な　□ site：場所、遺跡　□ advertisement：広告　□ cuisine：料

解答＆解説

Basic English Vocabulary Exercises to improve your TOEIC L&R TEST score

理 □ reconsider：考え直す □ itinerary：旅行日
程表 □ option：選択肢 □ dispatch：派遣する
□ reevaluate：再検討する □ budget：予算

✱ **問題英文の日本語訳**

宛名：マイケル・トゥルーマン〈mtrueman@
activetour.com〉
差出人：ケイ・フォックス〈kfox@gax.com〉
日付：12月1日
題名：ローマの日帰り旅行
イタリアでの休暇中、私は御社のローマ日帰りツアー
に参加しました。ここ数年、私は何度もローマを訪れ
たことがありましたが、しばらくこの全日のツアーに
参加するのを楽しみにしていました。というのも、17
世紀のパラッツォ・バルベリーニ宮殿への訪問が含ま
れていたからです。しかし午後に到着すると、ガイド
の方がすぐさま、1時間でそこを出発するとおっしゃ
いました。時間に制限があったため、時間通りにする
には1階の見学を終えたらすぐにそこを離れなければ
なりませんでした。もし前もって、宮殿に訪問する時
間を知っていたら、私はこのツアーには参加しなかっ
ただろうと思います。後日、最近は宮殿がひどく混雑
していると、あるガイドブックで読みました。ですので、
御社のツアー日程を改定することが必要なのではない
かと思います。
敬具
ケイ・フォックス

1. なぜフォックス氏はローマにいたのですか。
- (A) 彼は結婚式に出席していた。
- (B) 彼は出張中だった。
- (C) 彼は休暇中だった。
- (D) 彼は家を探していた。

2. なぜフォックス氏はそのツアーに参加したのです
か。
- (A) 彼はローマに行ったことがなかった。
- (B) 彼は歴史的名所を見たかった。
- (C) 彼は広告を受け取った。
- (D) 彼はイタリア料理に興味がある。

3. フォックス氏がその会社にするように提案してい
るのは何ですか。
- (A) ツアーの日程表を考え直す
- (B) ツアーにより多くの選択肢を含める
- (C) より多くのツアーガイドを派遣する
- (D) ツアーの予算を再検討する

問題 ▶ 本冊 P.140 〜

✱ **答え**

1. (B)	2. (C)	3. (C)	4. (B)	5. (B)
6. (B)	7. (B)	8. (C)	9. (B)	10. (B)
11. (D)	12. (A)	13. (C)	14. (A)	15. (A)
16. (B)	17. (A)	18. (C)	19. (D)	20. (C)
21. (A)	22. (B)	23. (A)	24. (C)	25. (D)
26. (B)	27. (C)	28. (C)	29. (A)	30. (B)

✱ **解き方**

1. 訳 登録が完了した従業員は来週金曜日の宴会に
参加できる。
- ▶ 空欄直後の前置詞 in とその後ろの party がポ
イント。文脈から「参加する」という意味の(B)
participate が正解。他の選択肢は(A)「〜に
入る」、(C)「〜を楽しむ」、(D)「〜をつかむ」。

2. 訳 もしあなたに最も近い代理店と話したい場合
は、メニューバーの「代理店を探す」をクリッ
クしてください。
- ▶ 空欄直後の前置詞 to とその後ろの agent が
ポイント。文脈から「話す」という意味の(C)
talk が正解。他の選択肢は(A)「〜を置く」、(B)
「〜を決める」、(D)「〜を注文する」。

3. 訳 その台風は中国で200万人以上に影響を与
え、そのうち90万人が家から避難した。
- ▶ 空欄直後の 2 million people がポイント。具
体的な数字を後ろに置いて「〜より多い」とい
う文脈が成り立つ(C)more than が正解。他の
選択肢は(A)「同じくらいの量」、(B)「ほとんど」、
(D)「〜よりも良い」。

4. 訳 ボランティアのグループが失業者を援助し、生
活するための手段を与えるために NPO を立ち
上げた。
- ▶ 空欄直前の provide them with とその後ろの
to live がポイント。この them は直前の the
unemployed を指し、「失業者に生活するため
の手段」を与えるという文脈が自然。よって「手
段」という意味の(B)means が正解。他の選

択肢は(A)「収入」、(C)「賃金」、(D)「才能」。

5. 訳 支出を減らす努力の一環として、ウィットマン・フィルム社は次の年の制作費を半分にすると決めた。
▶ 文頭の reduce expenses と空欄直前の halve its production がポイント。支出を減らすために半分にするのは、「費用」なので(B)costs が正解。他の選択肢は(A)「返金」、(C)「報酬」、(D)「価値」。

6. 訳 国際郵便には、追加の手数料が必要かもしれないということをご留意ください。
▶ 空欄直後の handling fee とその後ろの be required、international mail orders がポイント。「国際郵便には、追加の手数料が必要」という文脈が成り立つ(B)additional が正解。他の選択肢は(A)「法的」な、(C)「オリジナルの」、(D)「現在の」。

7. 訳 世界中に広がるネットワークを通じて、ハッチソン・グループは包括的な金融サービスを提供する。
▶ 文頭の Through ... network と、文末の services がポイント。「ネットワークを通じてサービスを提供する」という文脈が自然なので、(B)provides が正解。他の選択肢は(A)「～を受け取る」、(C)「～を説明する」、(D)「～を含む」。

8. 訳 そのプロジェクトチームは最終案を決める前に幅広い調査を行わなくてはならないだろう。
▶ この文の主語 team と空欄直後の extensive research、文末の before ... final plan がポイント。「最終案の前に調査を行う」という文脈が自然なので、(C)conduct が正解。他の選択肢は(A)「～に話しかける」、(B)「～を受け取る」、(D)「～を改良する」。

9. 訳 ほとんどの候補者が投票者に会う機会を探る一方、彼ら自身のコミュニティの安全性を超える試みをすることはほとんどない。
▶ 空欄直後の opportunities と meet voters がポイント。「投票者に会う機会を探る」という文脈が自然なので(B)seek が正解。他の選択肢は(A)「～を信じる」、(C)「～を提出する」、(D)「従う」。

10. 訳 海外市場に進出するために新製品の研究開発プロジェクトが進行中だ。
▶ 主語の project と空欄直前の in がポイント。「プロジェクトが進行中」という文脈になる(B)progress が正解。R & D は Research &

Development の略。他の選択肢は(A)in short で「要するに」、(C)in return で「お返しに」、(D)in tune で「調子があって」。

11. 訳 強風のため海岸が閉鎖されるという看板が掲示されている。
▶ この文の主語 Signs がポイント。ことばの組み合わせとして成り立つのは「貼る、掲示する」という意味をもつ(D)posted が正解。他の選択肢は空欄直前の have been と結びついて(A)「果たされた」、(B)「実行された」、(C)「続行された」。

12. 訳 3年以上この会社に勤めている従業員はニューポート支社の部長代理に志願する資格がある。
▶ 空欄直後の前置詞 to とその後ろ apply for ... position がポイント。「志願する資格がある」という文脈が自然なので、「資格がある」という意味の(A)eligible が正解。他の選択肢は(B)「扱いやすい」、(C)「手頃な」、(D)「手に入れやすい」。

13. 訳 営業担当者たちは広告戦略についての新しいアイディアを思いつくようにうながされている。
▶ 空欄直後の up with new ideas がポイント。come と結びついて come up with で「～を思いつく」という熟語をつくるので(C)come が正解。他の選択肢は(A)「～を上げる」、(B)「行く」、(D)「～を考える」。

14. 訳 地球について不安に思っている人々にとって、高まりつつある不安の1つは空気と水の質です。
▶ 文頭の One of ... concerns と空欄の後ろの air and water がポイント。「空気と水についての関心事」という文脈に合う「質」という意味の(A)quality が正解。他の選択肢は(B)「量」、(C)「探究」、(D)「アンケート」。

15. 訳 医療サービスの改正が次年度に行われると市議会が発表した。
▶ 空欄直前の take とその前の reform がポイント。take place で「行われる」という熟語になり、「改正」という文脈とも合うので(A)place が正解。他の選択肢は(B)「機会」、(C)「～をつかむ」、(D)「イベント」。

16. 訳 州法により、コンタクトレンズを購入するためには処方箋が必要だ。
▶ 文末の purchase contact lenses がポイント。文脈から「処方箋」という意味の(B)「prescription」が正解。他の選択肢は(A)「定

義」、(C)「構想」、(D)「意欲」。

17. 訳 ケープ洋品店は長期間の経済不況にともなって抜本的な縮小を経験しなくてはいけないだろう。

▶ 文中の downsizing と空欄直前の economic がポイント。縮小の原因となるのは「不況」なので、(A)downturn が正解。他の選択肢は(B)「成長」、(C)「市場」、(D)「規模」。

18. 訳 旅行者はウェブサイトの料金比較ツールを使うことで最安値で宿泊施設を簡単に予約できる。

▶ この文の主語 Travelers と空欄直前の book がポイント。「旅行者が予約する」という文脈から「宿泊施設」という意味の(C)accommodations が正解。他の選択肢は(A)「報酬」、(B)「内容」、(D)「目的地」。

19. 訳 購入された商品は購入から2週間以内であれば FS インテリアに無料で返品できます。

▶ 空欄直前の free of がポイント。free of charge で「無料で」という意味の熟語をつくるので(D)charge が正解。他の選択肢は(A)「(商品などにかかる)支払い」、(B)「(弁護士などの専門職に対する)料金、手数料」、(C)「(交通機関の)運賃」。

20. 訳 図書館のグループ勉強室を予約するためには、学生手帳の指示に従う必要があります。

▶ 空欄の後ろの room がポイント。「部屋を予約する」という文脈が自然なので、(C)reserve が正解。他の選択肢は(A)「～を任命する」、(B)「～と連絡をとる」、(D)「返事をする」。

21. 訳 私たちは仕事を分担することで締切を守るということを保証しなければならない。競争が激しくなってきているので、そうしなければ信用を失うだろう。

▶ 空欄直前の meet がポイント。meet the deadline は「締切を守る」という慣用表現。よって(A)deadline が正解。ちなみに meet には「会う」という意味のほかに「(条件などを)満たす」という意味もある。他の選択肢は(B)「配布」、(C)「提案」、(D)「中止」。

22. 訳 当社の顧客は返金保証に基づいて返金を受け取ることができる。

▶ 空欄直前の receive と、文末の money-back guarantee がポイント。「返金保証に基づいて受け取れる」という文脈から、「返金」という意味の(B)refund が正解。他の選択肢は(A)「費用」、(C)「寄付」、(D)「残高」。

23. 訳 その旅行代理店は、銀行口座の残高が不足していたため、スミス氏の旅費を自動引き落としすることができなかった。

▶ 空欄直前の automatic と、文後半の account ... insufficient がポイント。銀行口座の残高不足のせいでできないのは、自動「引き落とし」なので、(A)withdrawal が正解。他の選択肢は(B)「拒否」、(C)「提案」、(D)「リハーサル」。

24. 訳 その本は全世界で少なくとも300万部を売り上げ、5000万ドルの利益を出して大きな商業的成功を収めた。

▶ 空欄直前の前置詞 at がポイント。at least で「少なくとも」という熟語になり、文脈とも合うので(C)least が正解。他の選択肢は(A)「最悪の」、(B)「～より少ない」、(D)「少ない」。

25. 訳 ダイヤモンドホテルは敷地内に運動施設があり、宿泊客は自由に運動できる。

▶ 空欄直前の前置詞 on と、その前の fitness facility がポイント。「運動施設」がある場所で適切なのは「敷地内」なので(D)premises が正解。他の選択肢は(A)「建設」、(B)「底」、(C)「壁」。

26. 訳 もしキム氏が国立美術館への訪問時間を前もって知っていたら、そのツアーには参加しなかっただろう。

▶ 空欄直前の前置詞 in がポイント。in advance で「前もって」という熟語になり、文脈とも合うので(B)advance が正解。他の選択肢は(A)「休暇」、(C)「～の前に」、(D)「～のあいだに」。

27. 訳 部長は来週の会議で新しいスタッフの採用許可を得るだろう。

▶ 空欄直後の permission がポイント。「許可」と相性のいいのは「得る」なので(C)obtain が正解。他の選択肢は(A)「～を作る」、(B)「～を持ってくる」、(D)「～を購入する」。

28. 訳 カトウ氏は競合企業のその年の急激な売り上げ増加を指摘した。

▶ 空欄直前の pointed がポイント。point out で「指摘する」という熟語になるので(C)out が正解。他の選択肢はどれも空欄直前の point と結びついて熟語にならない。

29. 訳 副社長と彼の部下は今年初めてスターズ産業を訪れた。

▶ 空欄直後の a visit がポイント。冠詞 a がついていることからこの visit は名詞だとわかる。

名詞の前に動詞をともなって「訪れる」という
意味になる(A)paid が正解。他の選択肢は(B)
「行った」、(C)「～をつかまえた」、(D)「～を置い
た」。

30. 訳 このクリニックでは初診患者は健康状態につ
いての問診票に記入しなくてはならない。

▶ こ の 文 の 主 語 patients と 空 欄 直 後 の
questionnaire がポイント。「患者は問診票を
記入する」という文脈が自然なので「記入する」
という意味の(B)complete が正解。他の選択
肢は(A)「～を分類する」、(C)「集中する」、(D)「～
と連絡をとる」。

date.   /